AF452795

FONTEVRAULT

HISTOIRE ET MONUMENTS

TOURS, IMPRIMERIE PAUL BOUSREZ

FONTEVRAULT

SON HISTOIRE

ET

SES MONUMENTS

PAR

L.-A. BOSSEBŒUF

SECRÉTAIRE GÉNÉRAL DE LA SOCIÉTÉ ARCHÉOLOGIQUE DE TOURAINE

La perle des abbayes
(Chroniques.)

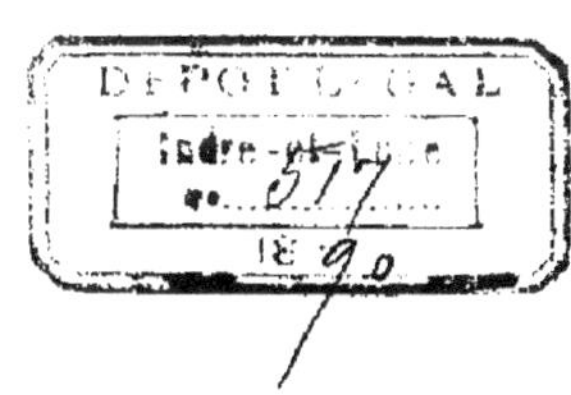

TOURS

LOUIS BOUSREZ, LIBRAIRE-ÉDITEUR

18, RUE DES HALLES, 18

PRÉFACE

Le couvent de Fontevrault est sans conteste une des abbayes qui méritent le mieux d'arrêter l'attention de l'historien et de l'archéologue. Ses origines, son développement, son exis tence à part, les nombreuses princesses de sang royal qui l'ont habité ou gouverné, sont un puissant attrait qui s'accroît de tout l'intérêt offert par les bâtiments du monastère. Quel charme exerce sur l'esprit du visiteur cet ensemble unique de constructions où chaque siècle a marqué sa trace en saisissants caractères ! L'église avec ses coupoles sur pendentifs et ses tombeaux des rois d'Angleterre qui en font le *Saint-Denis des Plantagenets*, le cloître aux voûtes élégantes et à la colonnade harmonieuse, le chapitre décoré de jolies sculptures Renaissance et de curieuses fresques où revit le souvenir des guerres de la Réforme, le réfectoire et les autres « membres » du monastère sont bien de nature à captiver ceux qui savent lire et comprendre le passé. Il n'est pas jusqu'à l'étrange construction, dite tour d'Evrault, qui n'ajoute un trait particulièrement original à la physionomie du *Grand-Moustier*.

Tant de curiosités ont naturellement tenté la plume des

écrivains et, sans parler des travaux manuscrits des moines aux siècles précédents, le lecteur a certainement de quoi satisfaire en partie sa curiosité dans les œuvres déjà parues. A ceux qui souhaitent les fortes compilations, l'*Histoire de Fontevrault*, par l'abbé Edouard ; aux amateurs de biographies et de détails circonstanciés, la vie de *Marie de Bretagne*, par M. Jubien ; enfin la *Notice sur Fontevrault* de M. Malifaud intéresse par plus d'un renseignement.

A côté de ces études, nous pensons qu'il y a place pour un nouvel Essai. Fontevrault, malgré les mutilations qu'il a subies, nous semble revivre tout entier dans ses monuments. L'art, l'architecture, l'archéologie n'ont pas eu la part qui leur revient dans ce bel ensemble, et nous voulons réparer cette lacune. Certes il nous eût été agréable de pénétrer dans l'intimité de ce monastère, et de lui dérober quelques-uns des événements appelés à jeter un jour nouveau sur tel côté de la vie religieuse au vieux temps ; mais des travaux divers nous ont interdit cette excursion et nous condamnent à quelques observations générales, d'ailleurs prises sur le vif. Une atmosphère de poésie à la fois austère et sémillante enveloppe cette abbaye dont le fondateur légua sa crosse à de grandes dames souvent de sang royal, où l'on portait la bure et possédait d'incomparables joyaux, où les chœurs d'Esther alternaient avec les strophes des hymnes liturgiques et où les coupoles orientales s'allient aux procédés français. Aussi nous pardonnera-t-on d'avoir projeté un reflet de cette poésie sur les sommets de l'histoire fontevriste. Limité sous le rapport des événements, nous eussions aimé à trouver une compensation sur le terrain archéologique et à nous étendre sur l'examen approfondi des monuments ; mais nous devions respecter les bornes qu'on nous a imposées, bien résolu d'ailleurs à y faire entrer le plus possible d'indications utiles.

Tout imparfait qu'il est, ce petit livre servira, croyons-nous, à diriger le visiteur auquel il donnera la clef de quelques problèmes, tout en jetant un peu de lumière sur les œuvres de nos pères dans le domaine de l'art religieux et monastique.

L. B.

FONTEVRAULT

HISTOIRE ET MONUMENTS

I

L'AURORE

Des immenses forêts qui couvraient primitivement notre sol, il demeure çà et là de vastes plateaux boisés que l'on aime à parcourir comme les derniers témoins d'un passé déjà loin de nous. La rive gauche de la Vienne et de la Loire conserve les restes d'une de ces chênaies qui s'étend de Cinais et Seuilly, à l'est, jusqu'à Saint-Cyr et Brézé, à l'ouest. De bonne heure la civilisation romaine attaqua, par les points extrêmes, ces solitudes longtemps impénétrables si ce n'est aux fauves de l'espèce humaine ou animale. L'attention des conquérants se porta sur un point stratégique au confluent de la Loire et de la Vienne, et dès le IV siècle, Candes et Rest jouissaient d'une réelle importance civile et religieuse. La forêt voisine, en grande partie aux moines de Seuilly, retint d'abord le nom de Bort, qui reste attaché à Saint-Cyr-en-Bourg. Elle prit plus tard celui de Fontevraud, par suite de la présence d'une fontaine et d'un personnage du nom d'Evraud, comme Fontgombaud en Berry, vient de Font et de Gombaud (1).

Cependant la forêt, à la base de laquelle ces bourgs étaient assis et dont ils formaient comme l'entrée, demeurait inhabitée dans ses profondeurs quand, au xie siècle, une colonie monastique s'y fixa sous la direction d'un ascète à l'allure vraiment originale.

Robert (c'est son nom) naquit au petit hameau d'Arbrissel, diocèse de Rennes, au cours de ce xie siècle, dont les commencements connurent une remarquable et féconde activité surtout dans la sphère des arts, et dont la fin fut tourmentée du besoin d'expansion qui se fit jour dans les croisades. Il vint au monde vers 1047, dans une condition modeste mais honorable, pense-t-on, en dépit des ombres dont un écrivain a voulu voiler son berceau (2).

De brillantes études à Paris, où il prit le titre de docteur, l'amitié de l'évêque de Rennes, Sylvestre de la Guerche, des leçons de théologie très goûtées à l'université d'Angers et les discours qu'il prononça pour la Croisade, à la demande d'Urbain II, mirent en relief le savoir et l'éloquence entraînante du jeune et fougueux Breton.

Robert se vit bientôt suivi d'une foule considérable de fidèles qui prétendaient suivre ses conseils de perfection. Après être resté quelque temps à la Roë dans la forêt de Craon, il se fixa définitivement, en 1098, dans la chênaie de Bort sur le penchant d'un coteau au pied duquel coule une source d'eau fraîche et abondante. Des cabanes de branchages, des grottes creusées dans le rocher servirent d'asile à la foule,

(1) Dès les premières années du xiie siècle, l'endroit est dit « Font-d'Evraud », *Locus qui Frons Ebraldi vocatur* (Chart. de Fontev. 1106, 1108). Ensuite il s'appelle « Fontevau » ou « Fontevaud » et, à partir du xyie siècle, « Fontevrault » ou « Fontevraud ». Au xve siècle, la fontaine reçoit le nom de *Fontaine de Maître-Robert* ou *de Saint-Robert*. Elle coule sous un canal large de deux pieds et voûté avec trottoirs latéraux. Avec une autre source, dite de *Saint-Maimbeuf*, elle fournit à tous les besoins de Fontevrault.

(2) La vie de Robert a été écrite par son contemporain, Baudry, évêque de Dol et abbé de Bourgueil. Un passage mal interprété du premier chapitre a donné lieu à cette erreur.

qui bientôt, s'il faut en croire les chroniqueurs, s'éleva jusqu'à deux ou trois mille personnes (1).

Robert édifia, au bord de la fontaine, l'oratoire pour les exercices de dévotion. Il fut généreusement secondé par des gentilhommes dont il était connu et apprécié, en particulier par les seigneurs de Montreuil-Bellay et de Montsoreau. Son ami Pierre II, évêque de Poitiers, mit le sceau aux diverses donations en les confirmant par une charte de l'année 1106 (2). Cependant il restait à organiser ce chaos humain où les passions libres ou repentantes coudoyaient les aspirations généreuses et les vertus solides.

Robert sépara absolument les hommes des femmes et, parmi celles-ci, il créa les catégories réclamées par l'état de perfection ou d'imperfection de chacune d'elles. La pratique du silence et de la prière, un régime alimentaire très frugal, un costume d'étoffe grossière furent comme l'ébauche de la règle de l'ordre de Fontevrault, qui prit une si grande extension (3). Après quelques modifications, le vêtement fut définitivement arrêté. L'habit des religieuses était blanc et consistait en une jupe de laine, un rochet de batiste, une guimpe, des bas et des souliers blancs : une ceinture et un voile noirs complétaient le vêtement ; à l'église, elles ajoutaient un habit de chœur ou longue robe d'étamine noire qui ressemblait assez à celle de nos juges. Quant au costume des religieux il était complètement noir : c'était une sorte de carrick avec mantelet et capuchon ; à la partie inférieure, devant et derrière, le mantelet avait un morceau carré ou scapulaire, dit le *Robert*.

Le point capital à noter est que, à la base de cette nouvelle constitution, Robert plaça un article qui remet aux mains de la supérieure des femmes la direction générale de l'Ordre tout entier. Dans cette mesure extraordinaire, le moine d'Arbrissel se laissa-t-il guider par la pensée de réhabiliter la dignité de la femme trop méconnue à l'âge de fer, par des

(1) *Vita B. Roberti*, auctore Baldrico, p. 80, 146.
(2) *Gallia Christiana*, t. II, p. 1311-1313.
(3) Constitutions de Robert, § I. *Regula ordinis Fontis-Ebraldi*, c. XLV.

vues dont il faut chercher la source dans l'originalité de sa nature, par la difficulté de trouver un chef capable et digne parmi la foule des hommes constrastant avec la supériorité de certaines femmes qu'il voyait à l'œuvre, enfin par une intention mystique empruntée au souvenir de saint Jean et de la Vierge sur le Calvaire, ainsi qu'aux paroles du Christ en croix dont l'ermite a fait sa devise? Peut-être sa résolution s'inspira-t-elle de ces divers sentiments réunis. Quoi qu'il en soit, et malgré les précédents qu'on pourrait citer (1), cette résolution parut à plusieurs un renversement de la nature humaine et des lois sur lesquelles le Créateur semble avoir assis l'Eglise aussi bien que la société domestique et publique. Elle fut la source des difficultés sans cesse renaissantes qui troublèrent l'existence de Fontevrault, et le prétexte, mal fondé évidemment, des calomnies qui se répaudirent sur le compte du pieux fondateur et dont on retrouve l'écho dans la correspondance de ses meilleurs amis (2).

Au bout de quelque temps, les logis primitifs ne suffirent

(1) D'après D. Chamard (Vies des saints personnages de l'Anjou, *Vie de Robert*), il y avait déjà plusieurs abbayes où les religieux étaient soumis à la direction d'une supérieure, entre autres Sainte-Croix, à Poitiers, Sainte-Christine à Trévise, et Saint-Pierre, à Lucques.

(2) Cfr. les lettres de Geoffroy, abbé de la Trinité de Vendôme, et de Marbode, évêque de Rennes, qui ont été publiées : celle de Marbode, dans ses œuvres (Rennes, 1524), celle de Geoffroy par le P. Sirmond, 1610, et dans la Bibliothèque des Pères, t. xvi.

L'authenticité de ces lettres a été contestée par divers auteurs dont les ouvrages sont : *Dissertationes in Epistolam contra R. Robertum, scelerate confectam a Roscelino hœretico sub nomine Goffridi* (Saumur, 1682) ; *Brevis confutatio epistolœ a Roscelino hœretico in B. Robertum confectœ sub nomine Goffridi* (Saumur 1682, in-8 de 23 p.); *Clypeus nascentis Fontebraldensis ordinis* (Paris, 1684, 3 vol. in-8) ; *Robert d'Arbrissel et Geoffroy de Vendôme*, par M. de Pétigny (Biblioth. de l'Ecole des Chartes, 3ᵉ série, t. V, p. 1); *Dissertation apologét. pour le B. Robert d'A. sur ce qu'en a dit M. Bayle* (Anvers, 1701), suivie d'*Eclaircissements*, *Notes*, etc. (1702, in-12).

En 1645, Jeanne-Baptiste de Bourbon, abbesse de Fontevrault, qui travaillait à la canonisation de Robert, eut le tort d'envoyer des religieux au couvent de la Trinité de Vendôme pour lacérer la lettre originale de Geoffroy : tâche que ceux-ci remplirent avec une insigne maladresse. Ajoutons que la teneur de ces lettres ne prouve aucunement que Robert soit coupable de ces familiarités et du *novum genus martyrii*.

plus à la multitude des disciples, et Robert, avec le concours de pieux gentilshommes, fit construire des bâtiments plus vastes et mieux appropriés aux besoins de la communauté. Il bâtit quatre couvents voisins, mais séparés les uns des autres : pour les hommes celui de *Saint-Jean-de-l'Habit*, en mémoire de saint Jean réuni à la Vierge ; la *Madeleine*, pour les pécheresses converties ; *Saint-Lazare* ou *Ladre*, pour les malades et en particulier les lépreux, si nombreux à cette époque ; enfin le *Grand-Moustier*, pour les religieuses. Chaque communauté eut son église spéciale ; quant à l'abbaye, elle fut dotée d'une véritable basilique romane, dont nous parlerons à propos des monuments.

Robert était à la tête de 3,000 religieuses installées dans quatorze couvents en Anjou, en Touraine, en Poitou et dans la Saintonge (1), provinces qu'il se plut à évangéliser à plusieurs reprises. Pour l'aider dans la direction générale et consolider son Institut en préparant l'avenir, il s'associa Hersende de Champagne, veuve du seigneur de Montsoreau, qui devint prieure, et Pétronille de Craon, veuve du seigneur de Chemillé. Il s'efforça de faire comprendre à ses disciples que le choix de la supérieure devait se porter non pas « sur une fille qui, dès son enfance, n'a appris qu'à chanter des psaumes », mais sur une personne du monde capable de connaître et diriger les affaires temporelles en déjouant « les méchants desseins » d'autrui. Pétronille de Chemillé fut nommée abbesse en 1115, et son élection fut confirmée par le pape Calixte II. La distinction des traits et l'élégance du langage de la supérieure égalaient la vivacité de son esprit, l'activité vigilante et ferme de son caractère (2).

Robert mourut deux ans après à Orsan, en Berry, dans la visite du prieuré qu'il y avait fondé. Il fut assisté à ses derniers moments par son ami Léger, archevêque de Bourges,

---

(1) Bulle de Calixte II, datée de Marmoutier en 1119.

(2) Vers cette époque, le voile fut donné à des postulantes, célèbres à des titres divers : à Bertrade de Montfort, que le roi Philippe Ier avait enlevée au comte d'Anjou ; un peu plus tard, à sa sœur, Isabelle de Montfort et à Ermangarde de Bretagne, fille de Foulques et belle-fille de Bertrade.

qui prononça l'oraison funèbre du fondateur. Ses restes, ramenés à Candes, furent accompagnés jusqu'à Fontevrault par l'archevêque de Tours, l'évêque d'Angers, un nombreux clergé et une foule de gentilshommes parmi lesquels Foulques le Jeune, comte d'Anjou. On déposa le cercueil, durant un jour, dans chacune des quatre églises conventuelles de l'abbaye, puis, malgré le désir de Robert de reposer avec ses disciples « dans la boue du commun cimetière », on l'inhuma près du grand autel sous un modeste sarcophage (1).

Pétronille de Chemillé gouverna suivant l'esprit de Robert et, nonobstant certaines difficultés, donna à l'Ordre trente-cinq années d'une prospérité croissante. A sa mort, au mois d'avril 1149, le choix tomba sur Mathilde d'Anjou, fille de Foulques V, comte d'Anjou et quatrième roi de Jérusalem, qui mourut d'une chute de cheval, en 1142, et laissa pour héritier du trône de Palestine son fils Baudouin III, âgé de quatorze ans.

Mathilde avait été mariée, en 1119, au duc de Normandie, Guillaume, fils d'Henri Ier d'Angleterre, petit-fils de Guillaume le Conquérant et oncle d'Henri II Plantagenet (2). Devenue veuve en 1120, Mathilde se retira à Fontevrault où elle mourut après avoir gouverné l'abbaye pendant cinq années. Son neveu, Henri II, dont la Touraine était le pays de prédilection, dans son amour pour l'abbaye de Fontevrault, avait fait construire sur la Vienne, à Chinon, « le Pont-aux-Nonnains », afin de s'y rendre plus facilement ; nous retrouverons ce souverain en visitant les *Tombeaux des Rois*.

Encore prospère sous les abbesses Audeburge et Gillette, Fontevrault, par suite de la misère des temps et de la guerre avec les Anglais, se vit réduit à « une extrême pauvreté » et, à la fin du xiie siècle, les religieuses durent vivre du travail de leurs mains sous l'abbesse Mathilde II de Flandre. Les troubles du dehors, la gêne au dedans, les rivalités inévi-

____

(1) *Le Répertoire archéologique de l'Anjou* a édité, comme étant la crosse de Robert, un bâton abbatial en bois de chêne dont la pointe est garnie de cuivre avec deux boules et dont le sommet est formé de trois morceaux de cristal de roche en forme de *tau*.

(2) Voir le tableau généalogique à l'Appendice.

II

LES RAYONS

Marie de Bretagne, qui va inaugurer la Renaissance de Fontevrault, naquit en 1424 de Richard, comte d'Etampes, et de Marguerite d'Orléans, tante de Louis XII ; elle avait pour frère François II de Bretagne, dont le magnifique tombeau par Michel Colombe est le plus bel ornement de la cathédrale de Nantes. Grâce à la démission de Marie de Montmorency, obtenue par Arthur III de Bretagne, oncle de Marie, celle-ci devint abbesse de Fontevrault en 1460. Dès lors elle résolut de réformer les abus qui s'étaient glissés dans l'Ordre et de le ramener à la discipline primitive. Pour « couper pied à ce mal, » elle s'assura le concours du pape Pie II qui, à cet effet, délégua l'évêque de Paris avec les abbés de Cormery et d'Airvaux ; elle chargea Guillaume de Bailleul, grand prieur de Saint-Jean-de-l'Habit, de visiter les couvents et d'en relever l'état. Le 6 mai 1462, elle convoqua au chapitre général « tous et chacun des prieurs de l'Ordre » et se mit en devoir de visiter les monastères fontevristes, en particulier ceux de la Madeleine d'Orléans et de Lencloître, où l'épidémie sévissait (1).

(1) Le couvent de la Madeleine, fondé par Robert d'Arbrissel vers 1113, fut l'objet des faveurs des rois Louis le Gros, Philippe-Auguste et saint Louis. Comme ce couvent avait eu beaucoup à souffrir des Anglais en 1428, Marie de Bretagne entreprit « de faire construire tout à neuf, tant l'église des religieuses que des religieux, les cloistres, les édifices et la clôture. »

2

La vaillante abbesse s'installa à la Madeleine dans le calme de la retraite et s'appliqua à jeter les bases de la Réforme qu'elle eut la joie de voir accepter par quelques prieurés ; mais ce n'est qu'en 1479 qu'un décret pontifical l'imposa à l'Ordre entier (1). Après une série de difficultés et d'angoisses, Marie mourut le 19 octobre 1477, au monastère de la Madeleine. La vénération inspirée par la défunte, amena une pieuse lutte entre ce couvent et celui de Fontevrault au sujet de la possession des restes et du lieu de sépulture. En attendant la solution de l'affaire, le corps fut inhumé « au chœur des sœurs encloses, sans que la fosse soit dessus pavée » (2). Sur la volonté du duc François II, la cour de Bretagne prit le deuil de l'abbesse (3) ; il n'est pas sans doute jusqu'au « Papegault » de la vénérable mère abbesse qui ne prit part à la tristesse universelle du couvent : car nous devons dire qu'à l'instar des religieuses de Nevers, immortalisées par Gresset, celles de Fontevrault possédaient un *Vert-Vert* qui faisait les délices des nonnains (4).

Marie de Bretagne possédait un riche trésor de « joyaulx et de reliques » d'or et d'argent, des étoffes relevées de pierres précieuses ; sa vaisselle, son linge, ses meubles étaient d'un grand prix et sa bibliothèque renfermait nombre de manuscrits rares qu'il serait intéressant de rechercher, ainsi qu'on s'en convaincra par la lecture de son Inventaire (5).

Jusqu'à la prise de possession par la nouvelle abbesse, l'Ordre resta sous la direction de la grande prieure Marguerite Haudry, qui vécut jusqu'à 80 ans et, à l'occasion de son anniversaire, donna à la communauté un beau calice d'argent doré, du poids de 2 marcs, et plusieurs objets en or. Une

(1) Nicquet, *Hist. de Fontev.*, p. 340.

(2) *Sainte-Famille*, t. III, p. 566.

(3) Compte du trésorier du duc : « Octobre 1477. Pour le duc, une robbe et chapperon de beguin, pour le trespas de feue Madame sa sœur, 5 aulnes de fin noir. Au sire de Clisson, pour robbe et chapperon de beguin, pour feue Mad. de Fontevrault. » D. Lobineau, *Histoire de Bretagne*, t. II, p. 1502.

(4) V. *Inventaire de Marie de Bretagne*, à la fin du travail de M. Jubien.

(5) Nous nous proposions de donner cette curieuse pièce en appendice, mais la place nous a manqué.

autre prieure, Jeanne de Bonaffaire, légua également à Fontevrault quelques travaux de ses mains et un bréviaire « luculenter scriptum » (1).

L'œuvre réformatrice de Marie de Bretagne fut continuée, au milieu de grands obstacles, par les abbesses qui suivirent. La première est sa cousine germaine, Anne d'Orléans, sœur de Louis XII, qui apporta à sa tâche les brillantes qualités intellectuelles et morales dont elle était douée. Elle fut d'ailleurs puissamment secondée par ses cousins, les rois Louis XI et Charles VIII, ainsi que par le pape Sixte IV, qui confirma et étendit les privilèges de l'Ordre. En 1487, le roi de France qui se rendait à Nantes, fit à Fontevrault l'honneur de demander à sœur l'hospitalité. Anne eut la joie de voir introduire la réformation dans plusieurs prieurés, et jusqu'en Angleterre. Le couvent d'Ambresbury, fondé près de Salisbury dans le comté de Wiltshire par la belle-mère de saint Edouard, et donné à Fontevrault par Henri II, avait alors pour prieure Alière Fischer. En signe de soumission, la supérieure envoya à l'abbesse de Fontevrault un anneau d'or garni d'une améthyste et une bourse de soie.

Le trésor d'Anne, grossi d'objets presque tous de provenance princière, se composait de vases d'or et d'argent, enrichis de pierreries et de joyaux d'un grand prix. A sa mort, le 9 septembre 1491, elle légua le tout à l'abbaye, ainsi que des tapisseries de fil d'or et des livres « ornés ». Dans le chœur de l'église abbatiale, on lui érigea une remarquable tombe en cuivre du poids de 500 livres (2).

Parmi les religieuses plus distinguées par leur rang et leurs qualités, se trouvait Renée de Bourbon, fille de Jean II, comte de Vendôme, et d'Elisabeth de Beauvau, dame de Champigny. Sa santé était délicate et une maladie contractée dès l'enfance avait contrefait son corps, mais son esprit était élevé et sa volonté énergique. Renée fut choisie pour

(1) *Gallia Christiana*, t. II, p 1339 ; *Sainte-Famille*, t. III, p. 63.
(2) *Sainte-Famille*, t. III, p. 64. — Archives de Maine-et-Loire; *Titres de Fontevrault*, petit cartul., p. 345. — *Sainte-Famille*, t. III, p. 572 — *Gall. Christ.*, t. II, p. 1325.

porter la crosse abbatiale, qu'elle reçut le **30** octobre, et n'eut pas de trop de toute sa fermeté indomptable pour continuer l'œuvre de réformation.

Dans une visite qu'elle fit à ses maisons, ainsi qu'au célèbre couvent de la Trinité de Caen, l'*Abbaye aux Dames*, dont elle était aussi abbesse, elle put se convaincre que la tâche serait hérissée de difficultés. De fait les moyens de persuasion ayant échoué, elle résolut de s'appuyer sur l'autorité du roi et du parlement. Au commencement de l'année 1503, entourée des représentants de l'autorité civile et religieuse, parmi lesquels le P. Morisson, abbé de Saint-Vincent du Mans, M. de Besançon, le grand prieur de Cluny et le prince de Talmont avec M. de Montbazon, capitaine des Suisses, Renée résolut de séparer les religieuses du monde séculier, en plaçant des grilles et des « tours. » Cette mesure souleva plaintes et rébellions, mais elle en triompha *manu militari*, et mit dehors les révoltées qu'elle remplaça par de nouvelles venues. En toutes choses l'exemple l'emporte sur les plus persuasives leçons ; pour décider ses religieuses à émettre et à garder le vœu de clôture, Renée de Bourbon fit solennellement ce vœu le 13 juin 1505, entre les mains de son frère naturel, Louis de Bourbon, évêque d'Avranches. Dans la brillante assistance on remarquait la tante du roi Louis XII, la duchesse de Valois et sa nièce, Mlle de Foix, la comtesse de Nevers, Mme de Penthièvre et la reine Anne de Bretagne, nièce de l'ancienne abbesse. Une quinzaine de religieuses suivirent l'exemple de la supérieure, et le décret de réformation promulgué par l'archevêque de Lyon le 16 juin 1507, calma les velléités de résistance. Certaines religieuses tentèrent encore de relever la tête, mais François Ier y mit ordre par un arrêt de 1520 que confirmèrent les papes Clément VIII, Jules II et Léon X(1).

Le roi François Ier témoigna sa sympathie pour le couvent et l'abbesse, en venant visiter Fontevrault, le 16 juin 1517, en compagnie de sa mère, Louise de Savoie, de sa future épouse, Claude, fille de Louis XII, et de plusieurs dames et gen-

(1) Nicquet, *Hist. de Fontev.*, p. 486, 587. — *Sainte-Famille*, t. III, p. 592.

tilshommes. Il confia à Renée sa sœur naturelle, Madeleine d'Orléans, abbesse de Jouarre, « pour l'instruire et enseigner en la réformation. » Non moins attachée au sort de la France et de la famille royale qu'à celui de son monastère, l'abbesse versa 800 livres pour la rançon des enfants de François Ier, alors captifs en Espagne (1).

En 1534, l'abbesse voyait sous sa direction trente-quatre maisons réformées, et c'est avec une juste et pieuse joie qu'elle gravait, dans ses armes et sur les murs de sa cellule, quatre R qui, dans sa pensée, signifiaient *Renée, Religieuse, Réformée, Réformante.*

Renée s'occupa non moins activement de restaurer et d'approprier plusieurs parties du couvent, ainsi que nous le constaterons dans notre visite. Elle avait alors autour d'elle 83 religieuses de chœur, 48 sœurs laies et 30 novices ; de son côté, le couvent de l'Habit comptait 150 moines. Celle qu'on a appelée «la perle de Fontevrault,» mourut le 9 octobre de cette année, et son corps fut déposé, au milieu du chœur de l'abbatiale, sous une tombe de cuivre qui recouvrit également les restes de sa nièce Louise de Bourbon et de sa petite-nièce Eléonore ; ce mausolée fut l'œuvre de l'architecte Bouchet (2).

Louise de Bourbon, fille de François, comte de Vendôme, et de Marie de Luxembourg, était à la fois la religieuse préférée de Renée et le modèle de la communauté par sa piété

(1) L'abbaye, qui était comme un Saint-Denis pour l'éducation des jeunes filles de la noblesse, eut la joie de voir, en 1517, onze religieuses de haute naissance faire ou renouveler en même temps leurs vœux. Ce sont : Marie de Surgères, Louise de Montbron, Antoinette de la Rochefoucaud, Antoinette de la Tremoïlle, fille de Louis, vicomte de Thouars, et de Gabrielle de Bourbon-Montpensier ; Catherine de Richelieu, de la famille du cardinal ; Renée de Lorraine, fille d'Henri Ier de Guise ; Isabelle de Lorraine, fille de Charles II, duc de Lorraine ; Marie de Maillé, fille du seigneur de Brézé et frère de Simon, archevêque de Tours ; Charlotte, Isabeau et Madeleine de Bourbon (celle-ci fille de Charles Ier duc de Vendôme) ; Charlotte de la Trémoïlle qui devint abbesse de Beaumont-lès-Tours ; N. de Rochechouart, et Catherine de Navarre, sœur du roi de Navarre. *Sainte-Famille*, t. III, p. 596. — Archives de Maine-et-Loire, *Titres de Fontevrault.*

(2) Jean Bouchet, *Epitaphes*, LXVI. — *Gall. Christ.*, t. II, p. 1325. — P. Anselme, *Hist. de la Mais. de France*, t. I, p. 325. — Nicquet, *Hist. de Fontevr.*, p. 492. — *Nécrolog.*, pp. 301, 303, 438.

et la régularité de ses mœurs. Elle s'était habituée de bonne heure à la discipline monastique et aimait la vie qu'elle avait embrassée à quatorze ans, d'abord par devoir, puis par inclination. Grande prieure à la mort de sa tante, Louise était tout naturellement désignée pour remplacer celle-ci et continuer son œuvre. La bénédiction lui fut donnée solennellement par son frère le cardinal de Bourbon, archevêque de Sens, non encore installé. L'officiant était assisté des abbés de Seuilly et de Noyers, en Touraine, qui remplirent les fonctions de diacre et de sous-diacre, et des abbés de Marmoutier et de Bougmors « crossez et myttrez, assistants aux deux costez de l'autel, assis en deux chaires parées et couvertes. » A cette cérémonie la noblesse était accourue nombreuse et brillante ; dans ses rangs on distinguait entre autres, la tante de l'abbesse, la princesse de la Roche-sur-Yon, M\ue de La Trémoille et son fils, le prince de Talmont. Louise de Bourbon prit possession de sa dignité, le 9 janvier 1535, et eut la satisfaction de voir la réformation se répandre progressivement et de nombreuses novices se ranger autour d'elle. Une visite qui rendit l'abbesse particulièrement heureuse est celle de sa nièce Marie Stuart, de touchante mémoire. Sur l'ordre d'Henri II, Artus de Maillé, seigneur de Brézé, alla chercher au-delà du détroit la future épouse de François II. Elle se trouvait au château de Milly, près de Saumur, propriété de la famille de Maillé-Brézé, le 26 septembre 1548. L'abbesse ayant manifesté le désir de voir la jeune princesse, à sa sœur Antoinette de Bourbon, duchesse de Guise, celle-ci l'amena à Fontevrault, toute fière de conduire « la plus jolye et meilleure que ce que vous veiste oncques de son aage (1).

Gardienne vigilante de la doctrine catholique dans son Ordre, Louise mit tout en œuvre pour fermer la porte aux théories protestantes qui gagnaient de proche en proche, et quand l'hérésie avait franchi le seuil, elle obligeait les sœurs égarées à se rétracter ou à se retirer. Elle envoya sa nièce Eléonore de Bourbon, religieuse de Fontevrault, au couvent de

(1) Lettre de la duchesse de Guise à son fils François de Lorraine. —Louis Paris, *Cabinet historique*. — Jubien, *Marie de Bretagne*, p. 53.

la Madeleine à Orléans, pour y « faire faire acte de profession
de foy catholique. » Quarante religieuses prononcèrent cet
acte ; mais vingt-quatre préférèrent garder les idées hugue-
notes et quitter la maison. Louise fut secondée dans sa tâche
par son neveu, le cardinal Charles de Bourbon, futur roi de
la Ligue. A tous les officiers, fermiers et domestiques de
Fontevrault, elle ordonna également de faire leur profession
de foi catholique, à Loudun et à Saumur.

Louise de Bourbon eut la douleur de voir un certain nombre
de ses prieurés pris et saccagés par les protestants, en particulier ceux du Breuil, d'Orsan, et de Rives en Touraine ;
Fontevrault lui-même faillit subir le même sort. Les neveux
de l'abbesse, le roi de Navarre et le prince de Condé, ayant
ouï dire que Louise de Bourbon avait profité d'une visite de
Charles IX à l'abbaye, en 1565, pour signaler les deux héré-
tiques à la vindicte royale, en éprouvèrent un vif ressentiment.
L'un d'eux vint alors assiéger le monastère, mais il ne put
s'en emparer, grâce à la courageuse défense des gens du bourg
et des troupes réunies par l'abbesse.

Louise de Bourbon, à une piété ardente, joignait le mérite
d'une sage administration. Elle obtint d'Henri II doux foires
pour le bourg de Fontevrault, y installa une halle pour le marché et nomma un instituteur pour l'instruction des enfants du
peuple. Les présents qui lui venaient de sa royale famille ou
de nobles religieuses, elle les employait à agrandir ou embellir l'abbaye, ainsi que nous le verrons dans la suite.

Quarante années d'un abbatiat, consacré au bien spirituel
et temporel de l'Ordre, avaient épuisé les forces de Louise
de Bourbon ; elle obtint comme coadjutrice sa nièce Eléonore,
qui était grande prieure de Fontevrault, et bientôt lui remit
sa crosse avant de descendre au tombeau, le 21 septembre
1575, à l'âge de quatre-vingts ans et quelques mois (1).

(1) Eléonore avait été prieure de Prouillé, près de Carcassonne, couvent
fondé par saint Dominique. Madeleine de Bourbon, sœur d'Eléonore, le
dirigea à son tour et devint abbesse de Sainte-Croix de Poitiers en 1534.
Ses sœurs Catherine et Renée furent abbesses, l'une, de Notre Dame de
Soissons, et l'autre, de Chelles. — P. Nicquet, pp. 500, 503. — *Gallia*

Eléonore de Bourbon avait vu le jour dans le royal palais du Louvre en 1532. Son père était Charles de Bourbon, premier duc de Vendôme, et sa mère Françoise d'Alençon ; elle était sœur d'Antoine de Bourbon, roi de Navarre, de François, comte d'Enghien, de Louis, prince de Condé, et du cardinal de Bourbon, et avait trois sœurs abbesses. Eléonore fit sa profession à Fontevrault, en 1549 ou 1550, sous sa tante Louise, après avoir été prieure de la Madeleine d'Orléans, elle devint, nous l'avons dit, grande prieure de Fontevrault et coadjutrice de l'abbesse. Profonde était la vénération dont l'entouraient le cardinal de Bourbon, le roi Charles IX et la reine Catherine de Médicis. Eléonore, qui tenait les lettres et les sciences en haute estime et voulait près d'elle des religieux instruits, envoya plusieurs frères étudier et prendre leurs grades dans les Universités, particulièrement à Paris (1). Elle ne négligea pas d'ailleurs le côté matériel et fit réparer les couvents endommagés par les guerres protestantes (2). A sa demande, le roi Henri III confirma les privilèges de l'Ordre, l'autorisa à amener annuellement et en franchise douze charges de sel, du couvent de Chemillé à l'abbaye, à installer une foire de plus dans le bourg et à faire juger directement par le grand conseil royal toutes les affaires de la congrégation (3).

La sollicitude d'Eléonore s'étendit tout spécialement sur les pauvres, et en 1580 elle fit distribuer aux indigents 1,800 livres de blé. Elle veillait à ce qu'on tînt un état exact « des vieux valétudinaires, des petits enfants au-dessous de douze ans, des pauvres honteux et langoureux, des malades, des pauvres veuves et des orphelins. » Son médecin avait l'ordre de soigner gratuitement toutes les personnes du

---

Christ., pp. 1326, 1327. — P. Anselme, t. I, p. 327. — Lardier, *Inventaire,* t. I. f. 187. — *Sainte-Famille*, t. III, pp. 625, 629.

(1) Archives de Maine-et-Loire, *Trésor de l'Ordre*, t. I, p. 18.

(2) La dépense annuelle de Fontevrautt se décomposait ainsi pour l'année 1589 : Froment 1330 septiers 5 boisseaux ; méteil 76 septiers 4 boisseaux ; seigle 121 septiers 4 boisseaux ; mouture 369 septiers 4 boisseaux ; fèves 27 septiers 7 boisseaux. — (Archives de Maine-et-Loire, titres de Fontevrault, *Greneterie*.)

(3) *Sainte-Famille*, t. III, p. 641.

bourg aussi bien que du monastère (1). L'abbesse, du reste, trouvait dans sa famille le concours le plus empressé : elle était notamment très aimée de son neveu Henri de Béarn, avec lequel d'ailleurs elle ne restait pas en retard d'affection.

Le futur Henri IV se trouvant à Saumur au mois de juillet 1579, rendit visite à sa tante qu'il n'avait pas vue depuis longtemps. Eléonore « le vint attendre à la porte de son abbaïe, accompagnée d'un grand nombre de ses religieuses. Le roy de Navarre estant à cheval dans la cour en voïant que ladite dame l'attendait à la porte de l'abbaïe, mit pied à terre et, tenant son chapeau à la main, la vint baiser les larmes aux yeux. L'ayant saluée, elle luy présenta la dame de Lavedan, l'une de ses religieuses qui luy succéda, et lors la dite dame lui dist : « Monsieur mon nepveu, entrez, s'il vous plaist, dans ceste maison où vous donneray à souper. Et le roy entra seul. » La princesse de Conti, qui arriva en même temps, fut reçue au monastère avec Henri de Béarn.

« Le soupper fut faict en une grande salle tendue d'une tapisserie de toile de Hollande, par bandes, recouverte de carrez de poinl couppé : le daiz avec sa queue estoit de mesme. La dite dame abbesse estoit assize au hault bout de la table, le roi de Navarre au milieu, et Mme la princesse de Conty au bout, tous trois d'un mesme costé. La viande fust apportée par plusieurs relligieuses vestues ainsy qu'elles sont lorsqu'elles chantent au chœur ; à la teste il y avait une vieille relligieuse qui portoit un baston à la main, comme sont les maistres d'hostels des roys ; au hault de ce baston estoient les armes de la maison de Bourbon. La dame de Lavedan servait d'échanson, aïant à son costé deux de ses compaignes, l'une desquelles servoit de trenchant, l'autre de servant. Le premier service achevé, celle qui servoit de maistre d'hostel retourna au second service et ainsy au troisième. Le Benedicite comme les Grâces furent dittes par les deux relligieuses qui estoyent à costé de celle qui servoit de maistre d'hostel. Le souppe parachevé, lo roy, Madame

---

(1) **Archives de Maine-et-Loire**, Tit. de Font., *Trésor de l'Ordre*, t. I, p. 33.

l'abbesse, la princesse de Conty devisèrent longtemps ; puis le roy de Navarre fut mené par Mme la princesse de Conty coucher en une maison où estoyt logée la dite dame, qui est en la basse-court, et qu'on nomme la maison des estrangers. »

Le lendemain, le Béarnais reprit la route de Saumur. La tante et le neveu continuèrent à se communiquer par lettres leurs impressions et leurs espérances (1). Eléonore ne manquait jamais de solliciter la protection d'Henri en faveur des faibles et des opprimés. De son côté, le futur roi tout en raillant le cardinal de Bourbon, « bonhomme bien enjobeliné », traitait l'abbesse comme sa « propre mère » et l'assurait qu'il ne tarderait pas à la voir « de brief » (2). De fait, Henri revint visiter sa tante, qui le reçut en lui faisant baiser la croix à l'entrée du couvent.

Eléonore, qui ne souhaitait rien tant que la conversion de son neveu au catholicisme, avait ordonné des prières à l'abbaye; il y avait « tous les jours deux religieuses qui faisoient la sainte communion et qui demeuroient tout le jour devant le saint Sacrement en prières : ce que faisoient toutes les religieuses alternativement » (3).

L'abbesse de Fontevrault ne bornait pas sa protection aux couvents fontevristes ; elle l'étendit aux communautés de différents ordres. En 1603, elle obtint d'Henri IV la rentrée en France des Jésuites bannis depuis neuf années. Déjà à la suite de l'assassinat d'Henri III, grâce à son influence, les coupables avaient été seuls punis et l'ordre des Jacobins n'avait pas été dissous. Enfin le célèbre P. Joseph lui dut de pouvoir établir à Saumur une maison de Capucins, en dépit de l'opposition ouverte du gouverneur Duplessis-Mornay. A Notre-Dame-des-Ardilliers, que les rois et reines, princes et princesses se plaisaient à enrichir de précieux *ex-voto*, elle fit présent d'une vierge d'or pesant deux marcs. Mais surtout

---

(1) Biblioth. Nationale, *Coll. Dupuy,* 92, *n*° 478.

(2) B. de Xivrey, *Recueil des lettres d'Henri IV,* années 1587, 1588, t. II, pp. 276, 279, 378.

(3) *Sainte-Famille,* t. III, p. 640.

attentive aux intérêts de son Ordre, Eléonore dépensa environ 68,400 l. pour agrandir ou réparer l'abbaye de Fontevrault (1). Ses vertus lui concilièrent les sympathies universelles, et un de ses contemporains, le docte cardinal Baronius, écrivait à son sujet : « Eléonore de Bourbon gouverne ce grand monastère, composé de deux cents religieuses outre les religieux, et dirige tout l'Ordre entourée de la plus haute estime et d'une réputation générale de piété, de prudence et de sainteté » (2).

Sentant ses forces diminuer, l'abbesse se fit donner une coadjutrice dans la personne d'Antoinette d'Orléans, qui s'était retirée au couvent des Feuillantines de Toulouse, après la mort de son mari Charles de Gondy, duc de Retz. Cette dernière, fille de Léonor d'Orléans, duc de Longueville, et de Marie de Bourbon, avait vingt-sept ans quand elle devint veuve et légua son riche patrimoine à son fils Henri. Il ne fallut rien moins qu'un ordre du pape pour décider Antoinette à accepter cette charge. Elle arriva à Fontevrault au mois d'octobre 1604, et ne prit possession de sa dignité que le jour de Saint-Michel, 1607, bien résolue d'ailleurs à ne pas recueillir cette lourde succession(3). Quant à Eléonore, elle mourut le 26 mars 1611 ; sa coadjutrice lui ferma les yeux et son oraison funèbre fut prononcée par le P. Joseph. Le couvent tout entier, Louis XIII et sa femme pressèrent Antoinette d'accepter la direction de l'Ordre, sans pouvoir triompher de ses résistances (4).

Plusieurs religieuses, au cœur desquelles couvait l'esprit d'indiscipline ou d'ambition, profitèrent de la circonstance pour semer l'agitation dans la communauté. En l'apprenant, Louis XIII chargea l'évêque de Luçon, Armand du Plessis, dont le talent et l'habileté étaient déjà appréciés à la cour, de calmer ce commencement d'agitation. Le prélat arriva à Fontevrault, dans les derniers jours d'août 1611, porteur

(1) *Sainte-Famille*, t. III, p. 645 — Vie du P. Joseph, t. II, p. 37. — Bodin, *Recherches sur la ville de Saumur*, t. II, pp. 352-354.

(2) *Annales ecclésiast.*, t. XII, an. 1117.

(3) Gall. Christ., p. 1327. Nicquet, *Hist. de Fontev.*, pp. 506, 507, 508.

(4) Archives de Maine-et-Loire, *Titres de Fontev.*, Trésor, t. I, p. 797.

d'une lettre du roi qu'il communiqua aux religieuses. Assisté du grand prieur, Claude Coppin, il leur fit savoir que vu le refus persistant d'Antoinette d'Orléans, elles aient à procéder en sa présence à l'élection de l'abbesse. Le choix était limité entre la grande prieure, Louise de Bourbon de Lavedan, et la prieure du cloître, Marie Drouin : c'est la première qui fut élue. L'effervescence ne tomba pas complétement ; pour l'apaiser, la reine jugea utile d'écrire au couvent une lettre sévère, où elle disait sans euphémisme : « Nous voulons, croire qu'estant désormais plus amplement informé de nostre volonté, vous serez plus obéissantes et aymerez mieux gouster les fruits de nostre affection et bienveillance que de vous en priver » (1). Quant à l'ancienne coadjutrice, qui désirait s'éloigner, la reine lui laissa la liberté de choisir tel couvent qui lui plairait. Antoinette partit avec sœur Marie Drouin, son confesseur, le P. Boursin, et se retira au prieuré de Lencloître, dans la Gironde (2) ; six ans plus tard, avec vingt-quatre religieuses, elle quitta ce prieuré pour fonder à Poitiers, paroisse Saint-Porchaire, un nouvel ordre dit du *Calvaire*, qu'elle dirigea de concert avec le P. Joseph jusqu'à sa mort, survenue en avril 1618 (3).

La nouvelle abbesse de Fontevrault, âgée d'environ soixante ans, était petite-fille de Charles de Bourbon, vicomte de Lavedan, lui-même fils naturel du duc Jean de Bourbon-Lavedan ; sa mère se nommait Françoise de Silly. Elle entra en charge au mois de janvier 1612 et fut bénie, le 29 juillet suivant, par Armand du Plessis de Richelieu, qui continuait à s'intéresser tout spécialement au monastère de Fonte-vrault (4). Un des premiers soins de Louise de Bourbon de Lavedan fut de remettre à flot les finances de la maison obérées de près de 40,000 livres, sans rien négliger d'ailleus

---

(1) Lettre du 21 juin 1611. *Sainte-Famille*, t. III, p. 659.

(2) Fontevrault possédait à Lencloître en Chaufournais, dans la Touraine, un prieuré important dont il subsiste des restes et dont les titres sont aux archives d'Indre-et-Loire.

(3) *Gallia Christiana*. t. II, p. 1327. — P. Nicquet, p. 507-515. — Hil. de la Coste, *Femmes illustres*, t. I.

(4) *Sainte-Famille*, p. 661.

de ce qu'elle jugeait utile à la prospérité de l'Ordre. Elle fonda
à Lencloître un séminaire de religieux, qu'elle plaça sous la
surveillance d'Antoinette d'Orléans, quitte à les rappeler
ensuite à Fontevrault où ils travaillèrent sous la direction
d'un bénédictin anglais, ou bien à les envoyer finir leurs
études au collège de la Flèche, près duquel elle créa un séminaire avec deux maisons de sœurs et de frères, dites le *Petit-
Fontevrault*. Défendre aux religieuses, recevant la plupart
une pension de leur famille, d'en user à leur guise et leur
imposer la vie en commun, embellir l'église en faisant exécuter à Poitiers un tabernacle du prix de 640 livres, parce
que « le saint-Sacrement reposait sur l'autel, à la mode
ancienne, dans une custode pendante, » soutenir les intérêts
de l'Ordre contre les tentatives de la communauté naissante
d'Antoinette d'Orléans : tels furent les premiers actes de
l'abbatiat de Louise. Dans cette dernière partie de sa tâche,
qui ne s'accomplit pas sans quelque vivacité, — il s'agit de
femmes, — la supérieure était soutenue par sa sœur Marie
de Bourbon et par le comte de Soissons, mais elle avait contre
elle le remuant cardinal de Retz, beau-frère d'Antoinette, et
l'*Eminence grise* qui se préparait à jouer le rôle de directeur
général du Calvaire. A la suite d'une enquête, ordonnée par
Louis XIII et conduite par le cardinal de Sourdis, le pape se
prononça en faveur des droits de la nouvelle communauté.
L'abbesse de Fontevrault fut obligée de se désister de toute
opposition et appellation contre les Feuillantines, à la charge
néanmoins pour celles-ci « de rendre et restituer les biens,
deniers, meubles et autres choses quelconques qu'elles peu-
vent avoir, appartenant à notre Ordre. » (1).

Le 12 octobre 1619, Fontevrault reçut la visite de Marie de
Médicis qui se rendait à Angers. C'est l'époque où l'abbesse
prit pour coadjutrice Marie de Bourbon, fille du comte de
Soissons, qui inclinait pour l'interprétation bénigne de la
règle et épousa, quatre ans après, le prince de Carignan et
mourut veuve, à Paris, à l'âge de quatre-vingt-six ans.

(1) Archives de Maine-et-Loire, *Titres de Fontevrault,* carton *Lencloître;*
ordonnance du 9 juillet 1619.

Mme de Lavedan remplaça le modeste mausolée de Robert d'Arbrissel par un tombeau d'apparat et embellit la grande église, ainsi que nous le dirons en son lieu. Pour reposer ses forces, en 1624, on lui donna comme coadjutrice Jeanne-Baptiste de Bourbon, dite « Mlle de Romorantin », dont le choix, dit-on, plut fort à Louis XIII. Jeanne arriva par Tours et Saumur, le 23 janvier 1625, et « de tant loing qu'on la put voir s'approcher, on fit sonner toutes les cloches en signe de réjouissance (1). » Jeanne, née le 22 février 1608 et légitimée le mois suivant, était fille naturelle d'Henri IV et de la belle Charlotte des Essarts, plus tard la maréchale de l'Hospital. Douée d'un esprit vif, d'une instruction étendue et variée, d'une parole chaude et persuasive, d'un caractère charmant, elle fut élevée au monastère de Chelles, sous la direction spirituelle de saint François de Sales. A la mort de Louise de Bourbon de Lavedan, au mois de janvier 1637, Jeanne fut élue abbesse et bénie par l'évêque de Nantes. Au cours de cette année, Fontevrault fut visité par la *Grande Mademoiselle,* qui fut vite « fatiguée de toutes les amitiés » et fit, dit-elle, « méchante chère. » Elle entra avec toute sa suite, même les hommes, « à cause du privilège qu'ont toutes les princesses du sang, » et admira fort le monastère. « La grandeur de la maison, écrit-elle, répond bien à une si célèbre abbaye : ce sont trois couvents dans une même clôture, qui ont chacun une église où on officie séparément, comme si c'étaient trois maisons séparées et éloignées les unes des autres. »

Jeanne de Bourbon s'appliqua à embellir l'église abbatiale. Elle refit la clôture du chœur, construisit une crypte pour la sépulture des abbesses, modifia le *Cimetière des Rois* en y ajoutant un mausolée, donna à l'église trois lampes d'argent et des tapisseries, dont quelques-unes sont au musée diocésain d'Angers, ainsi que des reliquaires fort beaux, et enfin elle enrichit la bibliothèque d'un bon nombre d'ouvrages. L'abbesse se distingua surtout par le culte qu'elle voua à la mémoire de Robert d'Arbrissel et décida qu'une

(1) *Sainte-Famille*, p. 670.

lampe d'argent brûlerait sans cesse devant ses restes ; en outre elle fit rédiger l'histoire de Fontevrault par le P. Nicquet, et celle du B. Fondateur à l'aide de documents puisés aux sources.

Comme elle se proposait d'introduire la cause de canonisation de Robert, elle intéressa à son entreprise ses sœurs Henriette, reine d'Angleterre, Elisabeth, reine d'Espagne, et Christine, duchesse de Savoie; mais elle ne put faire aboutir ses démarches auprès d'Innocent X et d'Alexandre VII. A la tristesse que lui causa cet insuccès, il faut joindre les amertumes qu'elle éprouva par suite de tentatives d'insubordination de la part des religieux de Saint-Jean-de-l'Habit, toujours humiliés de leur sujétion. Pour ramener l'ordre on nomma commissaires sur commissaires sans réussir, et il fallut qu'un arrêt de Louis XIII maintint le *statu quo* et terminât, par la confirmation des privilèges, un procès dont les frais s'élevaient à plus de 17,000 livres. Ces privilèges consistaient dans les exemptions de toute dîme envers le roi et le clergé paroissial, de toute juridiction autre que celle du grand conseil, de la visite de l'évêque, enfin de tout impôt et péage. Chaque année un bateau, dont le pavillon portait les armes de l'abbaye : d'*azur à un Calvaire avec la Vierge et saint Jean*, allait librement chercher à Nantes le sel et les denrées nécessaires à la communauté. Dès lors, de fait comme de droit, Jeanne-Baptiste fut « chef et générale » de l'Ordre.

Mais les fatigues et les émotions la conduisirent au tombeau, le 16 janvier 1670 ; ses restes furent déposés dans le caveau de l'abbatiale qu'elle avait fait construire pour recevoir les corps de toutes les abbesses. Son portrait a été gravé en 1648 par I. Q. F. et par un autre artiste : elle est de trois quarts, à genoux et sa crosse à la main ; le musée d'antiquités d'Angers possède la planche en cuivre. Un portrait de 1670 se voit dans la sacristie de l'église de Nantilly, à Saumur, et sur les murs de la salle capitulaire. Enfin un beau tableau la représente agenouillée, ayant devant elle un prieur : au second plan apparaît la Vierge entre le Christ et saint Jean-Baptiste. Jeanne de Bourbon laissa dans un état prospère l'abbaye qui comptait deux cent trente religieuses ; le couvent de l'Habit renfermait une cinquantaine de moines. Quant au service de l'abbaye, il comprenait un intendant, un agent général, un contrôleur, deux solliciteurs dont l'un résidait à Paris et l'autre à Fontevrault, ainsi que nombre d'officiers et de serviteurs (1).

Dans notre esquisse rapide de l'histoire fontevriste, nous arrivons à l'époque où les abbesses du sang royal passèrent leur crosse à des abbesses qui approchaient de bien près le trône de France. A Jeanne-Baptiste de Bourbon succéda, en 1670, Marie-Madeleine-Gabrielle de Rochechouart, de l'illustre et antique famille des Rochechouart-Mortemart; elle naquit aux Tuileries, en 1645, et fut élevée avec le duc d'Orléans. Un contemporain disait de ses sœurs et de son frère, le maréchal de Vivône : « Lui, sa femme, ses trois sœurs et ses filles auraient fourni l'Europe d'esprit et du ton le plus inimitable ; ils avaient le don de dire des choses plaisantes et singulières, toujours neuves et auxquelles personne, et eux-mêmes en les disant ne s'attendaient (2). » Sa nomination vint trouver Gabrielle près de Mme de Chaulnes, à l'abbaye de Poissy, et elle fut consacrée aux Filles-Dieu (3). Comme son esprit et son savoir n'avaient d'égal que sa beauté, son abbatiat fut à Fontevrault le règne des lettres et de la philosophie. Possédant bien les langues mortes, elle entreprit de traduire Platon (4), et soumit à l'harmonieux Racine sa traduction du *Banquet* et de l'*Apologie de Socrate*. Pour développer en ses religieuses le goût du beau, elle fit représenter la tragédie d'*Esther* du grand poète ; les principaux rôles furent joués par des filles de la plus haute naissance, et au cours de l'été de 1689, P. de Beauvau, évêque de Sarlat, assista à une représentation où il ouït « prononcer le prologue par une

---

(1) *Gallia Christiana*, t. II, p. 363. Nicquet, *Histoire de Fontevrault*. P. Lardier, *Hist.*, t. 1.

(2) Saint-Simon, *Mémoires*, édit. Hachette, t. VII, p. 89.

(3) Sa parente Gabrielle de Rochechouart fut abbesse de Beaumont-lès-Tours, de 1689 à 1733.

(4) La bibliothèque d'Angers possède un très beau Platon aux armoiries de Gabrielle de Rochechouart avec le nom de l'abbesse écrit de sa main. Bibliothèque d'Angers, Ms. 572.

princesse (1). » Fontevrault était alors comme le foyer vers lequel se tournaient plus particulièrement les esprits d'élite de l'ouest de la France. L'abbesse entretenait une correspondance active avec les lettrés de son temps, tels que Mmes de Sablé et de La Fayette, Boileau, Racine, Daniel Huet, Rapin, Segrais et plusieurs autres. Elle aimait la société des artistes, au nombre desquels Gaignières et Mignard occupaient un des premiers rangs.

Gabrielle de Rochechouart se rendait de temps à autre à Versailles, soit pour visiter son père malade, comme en 1675, soit pour plaider les droits ou les privilèges du couvent, comme au cours des années 1679, 1695 et 1700. Dans cette circonstance, le roi voulait qu'elle fût de toutes les fêtes et la comblait de présents, mais l'abbesse retournait plus volontiers à sa retraite, hantée de ses chers classiques, dans la compagnie desquels elle aimait tant « à lire, bâtir et jardiner. » Bien que familière avec le *Banquet* de Platon, l'abbesse dont la beauté et l'esprit éclipsaient, dit-on, les charmes de la favorite, sa sœur, sentait le besoin de se dérober à cette atmosphère assez peu monastique. Gabrielle de Rochechouart n'en était que plus appréciée de Louis XIV, qui lui accordait « une grande estime et une amitié toute particulière. » En ce temps où les impôts pesaient si lourdement sur la France, elle en prenait occasion pour plaider auprès du roi la cause des contribuables, soit directement, soit par l'intermédiaire de sa sœur, ou de Mme de Maintenon, qui l'entourait d'une profonde vénération. Dans ses habitudes l'abbesse conservait toujours les dehors de la femme de noble race et de savoir. Un de ses beaux portraits la représente assise sous les frais ombrages de l'abbaye et tenant à la main un volume d'Horace ; à ses pieds on lit ces vers du poëte de Venosa :

Ille terrarum mihi prœter omnes
Angulus arridet. . . . .

(On. II, 6.)

Elle possédait, marqué de ses armes et des attributs abbatiaux, un charmant service de faïence de Nevers ; peut-être

(1) Archives de Maine-et-Loire ; Dossier *Le Jeune.*

lui avait-il été donné par sa sœur, qui avait reçu de délicieuses pièces pour son château d'Oiron (1).

Sous la direction de Gabrielle, Fontevrault jouit d'un calme qui contraste avec le trouble des âges précédents. Ses éminentes qualités, jointes à l'éclat extraordinaire qu'elle projeta sur le couvent, l'ont fait appeler la *Reine des Abbesses*. Elle mourut le 15 août 1704, laissant le souvenir d' « une des plus spirituelles et des plus respectables abbesses, » selon l'acte même de sépulture (2).

Gabrielle de Rochechouart fut remplacée par sa nièce Louise-Françoise de Rochechouart, qui avait été élevée auprès d'elle dès l'âge de six ans et dont elle fit une grande prieure. L'abbesse Louise hérita, sinon de l'esprit élevé et brillant de sa tante, du moins de son habileté dans les affaires et des sages principes qu'elle sut appliquer dans l'éducation des *Filles de France*. Louis XV lui confia, en effet, ses quatre filles, comme ce qu'il avait de plus précieux.

En 1743, la direction de l'abbaye, et en même temps des jeunes princesses, passa à Louise-Claire de Montmorin de Saint-Hérem, fille de Louise de Bagni et de Gaspard de Montmorin, seigneur de Saint-Amand, qui devint évêque d'Aire après la mort de sa femme.

Au cours d'un voyage qu'elle fit à Paris en 1752, Louise-Claire fut prise de fatigue et demanda à être transportée au couvent de Jouarre, dont sa sœur était abbesse ; elle y mourut et,

---

(1) *Oiron, le château et la collégiale,* L. Bousrez, libraire, Tours, p. 73.

(2) Mignard peignit son portrait en 1680 ; Gaucherel l'a gravé en 1693 et Gaignières en fit un dessin colorié qui la représente au Chapitre. Mignard et Nocret auraient encore peint deux beaux portraits de Gabrielle, qui appartiennent à M. Lair. On doit à Rigaud celui qui appartenait à M. Mabille-Ouvrard. Enfin M. Jubien, avocat à Angers, a deux portraits de l'abbesse ; il en est un autre, à ses armes, au couvent des Fontevristes de Chemillé. — *Gallia Christiana*, t. II, p. 363. — Dreux du Radier. *Bibl. du Poitou*, IV, p. 355. — Saint-Simon, *Mémoires*, V. 299. — *Journal de Dangeau*, X, 199 ; XVI, 51. — Mme de Sévigné, *Lettres*, éd. Hachette, II, 55 ; III, 477, 478 ; IV, 119, 244 ; V. 249. — De Monville, *Vie de Mignard*, p. 108. Clément, *Une abbesse de Fontevraud* (1869, in-8). — Les archives de Maine-et-Loire renferment sur Gabrielle des documents qu'il serait intéressant de dépouiller et de publier : nous le signalons à l'attention des chercheurs.

selon son désir, y reçut la sépulture ; la supérieure écrivit son *Eloge* sur les registres capitulaires de la maison. L'année suivante, la crosse abbatiale de Fontevrault échut à Marie-Louise Thimbrune de Valence, fille de Vincent Sylvestre, comte de Valence et maréchal de camp, qui fut bénie dans la chapelle de Saint-Cyr. Douée de l'esprit d'administration, la nouvelle abbesse régularisa le temporel de l'Ordre, créa l'office de dépensière et fit placer la grande grille du chœur qui est actuellement à la préfecture de Maine-et-Loire (1).

Marie-Louise mourut en 1765 et fut remplacée par une fille du duc d'Antin et de Gillette de Montmorency-Luxembourg, qui est la dernière abbesse de Fontevrault. Mais la mémoire de celle-ci est mêlée de trop près à la chute du monastère sur lequel vont descendre comme les ombres de la nuit, pour que nous ne renvoyions pas au chapitre suivant ce que l'histoire nous apprend à son sujet.

(1) La remarquable grille de la célèbre abbaye de Beaumont-lès-Tours, placée vers le même temps, se voit à la porte d'entrée de la préfecture d'Indre-et-Loire.

III

LES OMBRES

S'il faut en croire certains écrivains, les monastères auraient été jadis les seuls et parfaits dépositaires de la civilisation : pas d'ombres au tableau. Au dire d'aucuns, ils ne sont guère que des écoles de ridicule impuissance : pas de clartés dans la nuit. C'est une double exagération également réprouvée par la logique et l'histoire. Association de personnalités humaines, les couvents, au rayonnement qui leur est propre, mêlent nécessairement une part d'ombre et d'éléments impurs. Nous manquerions à notre devoir si nous omettions ce côté de la vie monastique à Fontevrault.

A défaut de vastes horizons et d'œuvres absorbantes, les contemplatifs se livrent parfois aux jalousies et aux rivalités mesquines. Les intrigues se donnaient surtout libre carrière quand arrivait une élection. A la mort d'Isabeau de Valois, il y eut un véritable déchaînement de compétitions parmi les religieuses fontevristes. Pour clore les discussions qui menaçaient de s'éterniser, on convint de rédiger une convention par devant trois notaires apostoliques. Afin d'en finir avec les lenteurs de l'élection, on décida, le 18 mai 1349, de recourir à un curieux procédé : « Une petite chandelle de cire de la longueur de doigt, fut allumée pour marquer par sa durée le temps de la délibération. » A l'extinction des feux, le choix tomba sur Théophanie de Chambon, qui d'ailleurs était digne de cette haute dignité.

Les passions féminines prirent parfois le caractère de

révolte ouverte et violente. En 1503, Renée de Bourbon, pour donner à sa réforme un caractère pratique, réorganisa la clôture, non sans rencontrer la plus vive opposition.

« La vigile de Saint-André, disent les chroniques, fut mise la grille du grand Moustiers, fut empeschée l'assiette du tour, posée par M. de Besançon qui le faisait par ordre du roy. Ensuite fut fait procès-verbal et le roy envoya Monseigneur le prince de Taillemont et M. de Montbazon, capitaine des Souisses de la garde, lesquels assistèrent ledit Bezançou qui jetta hors la thrésorière, sœur Blanche de Montberon ; la prieure de la Magdelaine, sœur Marguerite de Caumont ; la prieure de Fontaine, sœur Rolline Musset, chantre du grand moustiers ; la prieure de Villesalem, sœur Jeanne le Roulx ; la prieure de la Lande, sœur Marie Solar, accompagnées d'autres religieuses, lesquelles Madame fit conduire par des religieuses, en litières et charriots, à ses dépends et lesdits sieurs firent asseoir la grille et le tour. » Pour triompher des résistances obstinées, on avait mandé les mousquetaires au couvent ; mais, les révoltées mises dehors, tout n'était pas fini du côté de celles qui restaient. Le 20 mars, « la nuit furent par les religieuses demeurées et certains hommes du bourg, rompus les grilles et le tour. » L'existence de la communauté était en péril. Sans hésiter, l'abbesse envoya une partie des opposantes dans des couvents qui avaient accepté la réforme pour « y user religieusement le reste de leurs jours », et elle remplaça les émigrées par une quarantaine de sœurs qu'elle appela à Fontevrault (1).

Aux xve et xvie siècles, les couvents souffraient de l'absence de vocation monastique chez un bon nombre de filles de famille qu'il était de mode d'y placer sans discernement. Un visiteur franchit à cette époque le seuil du prieuré de Blessac, au diocèse de Limoges, dépendant de Fontevrault, qui renferma jusqu'à cinq cents religieuses. Il raconte qu'il vit la prieure « ayant vestu une cotte de samyn blanc, la quouo traînante en la façon de demoiselle. Avait aussi, ladite

(1) Archives de Maine-et-Loire ; Titres de Fontevrault ; Trésor de l'abbaye, t. I, p. 186-187.

prieure, par-dessus la cotte, une robe de drap noir, doublée de demie-ostade (soie), comme apperçûmes, parce que la robe estait troussée par le dessus tout autour à la mode des séculiers. Avait aussi ladite prieure des souliers escolletez, larges et cornus par le devant; de laquelle façon et mode de souliers portaient aussi toutes les jeunes religieuses du dit lieu, avec des anneaux en leurs doigts. Et nous fut dit lorsque les habillements n'étaient que les habillements des jours ouvriers, et que, les festes, elles en portaient bien d'autres plus riches et somptueux. La supérieure se montrait souvent en manches de satin blanc, frangées et ouvrées, des rubans colorez en saincture, la chemise soufflée par le dessous, en la manière des plus mondaines qu'on saurait voir. » La liberté d'allures de la prieure et des religieuses, au dire des commissaires, n'était mystère pour personne dans le pays (1).

Aux causes générales d'agitation inhérentes aux autres congrégations, s'en ajoutait une spéciale à l'Ordre fontevriste. La dépendance des religieux par rapport aux abbesses, dont quelques-unes étaient de royales bâtardes, devait être une source de discorde et d'indiscipline. Les moines ne se gênaient guère pour dire ou écrire que cet état « contre toute nature donne le dessus aux filles et le dessous et subjection aux hommes, rendant les religieux valets, et encore un peu moins. » Ils allèrent même jusqu'à rédiger un long factum, peu respectueux pour les révérendes mères, et qui, sur l'ordre du roi, fut « lacéré par le greffier ». Il y eut plusieurs tentatives de révolte, en particulier sous Jeanne-Baptiste de Bourbon. Parmi les mécontents, les uns entraient chez les Bénédictins, les autres s'en allaient vagabonder durant quelques mois, puis finissaient par demander pardon de leur escapade ou par jeter le froc aux orties. Dans ces circonstances, l'abbesse recourait aux mesures de rigueur. Un certain père Crespart étant parti du couvent, Jeanne de Bourbon chargea son argentier, Bidal, de l'exhorter à revenir en

---

(1) Archives de Maine-et-Loire, *Titres de Fontevr*. Cartons Blessac : procès-verbal des frères Lamay et Pelletier en juin 1530.

l'assurant qu'il recevra « les bons et favorables traitements deubz à son âge ». Si après plusieurs avis le père refuse, le délégué l'avertira « qu'il a charge et pouvoir spécial de le contraindre ». Ensuite, ajoute l'abbesse, « il exécutera ledit pouvoir et se fera assister de telles et si grand nombre de personnes qu'il jugera à propos, pour se saisir de la personne du dit P. Crespart, et nous l'amener en ce lieu ». Une fois pris, les fuyards étaient enfermés dans « les prisons ordinaires du monastère », et quand elles ne suffisaient pas, « dans la prison de la segretenerie », comme cela se pratiqua le 20 octobre 1611, pour six religieux de l'Habit.

Un des moines, Jacques Dantui, poussa l'esprit de vengeance jusqu'à incendier le couvent. Arrêté, il fut dégradé dans la salle du Chapitre; tandis que les frères prosternés récitaient le psaume *Miserere*, le grand prieur dépouilla le coupable de ses vêtements, qui furent ensuite jetés au feu par le vestiaire. Dantui parvint à s'évader de sa prison, mais il fut retrouvé presque mourant de faim dans la forêt (1).

Il paraît que les cas d'incendie n'étaient pas trop rares : mais nous laisserons la parole à l'évêque de Luçon, Armand du Plessis. « Pendant les quelques jours que j'ai passés à Fontevrault, écrivait-il à un ami, il me vint à la pensée de visiter les prisons. Je visitai deux religieux, accusés d'avoir incendié la forêt du monastère. Leur cachot, situé à l'extrémité du préau, était une petite pièce à demi souterraine, humide, seulement éclairée par une étroite fenêtre, armée de barres de fer; une large pierre couverte d'une mauvaise paille leur servait de lit; un pain grossier et de l'eau était leur nourriture. Une longue robe grise, ceinte d'une corde, leur servait de vêtement; la tête et les pieds nus, d'une maigreur extrême, pâles comme des spectres arrachés à des tombeaux. Tel était le triste état de ces malheureux ; j'aurais voulu les ramener parmi leurs frères, mais le grand prieur m'observa que s'ils avaient satisfait à la justice de Dieu, celle des hommes et la puissance de l'exemple, dans un monastère, réclamaient les mêmes droits. J'obtins cepen-

(1) Edouard, *Fontevrault*, t. I, p. 422.

dant de leur abbesse une large diminution de leur peine (1). »

Pour maintenir la discipline dans les maisons fontevristes, chaque année un visiteur, nommé par l'abbesse, les parcourait muni de pleins pouvoirs. Il était choisi tantôt au couvent de Saint-Jean de l'Habit, et tantôt dans des monastères étrangers, comme Saint-Victor de Paris, Saint-Martin-des-Champs ou Saint-Vincent-du-Mans (2). Pendant longtemps l'Ordre ne forma qu'une seule province, mais après la réformation les maisons furent réparties en quatre provinces : *France, Gascogne, Bretagne* et *Auvergne.* Les bons visiteurs ne trouvaient pas toujours, paraît-il, un nectar aussi exquis que celui du coteaux du Saumurois; en 1735, le P. Henin, visiteur de Gascogne, écrivait à Salmon de la Giraudière, intendant de l'abbesse : « Comment va le vin gris du R. P. Prieur, et votre excellent vin des cotteaux ? On ne se réjouit pas aussi bien ici (Paradis) que nous faisons à Fontevraud » (3).

La bonne humeur est le condiment de la santé. D'ailleurs les abbesses de Fontevrault avaient leur médecin attitré, et au xvi⁰ siècle, nous connaissons, parmi ces disciples d'Hippocrate, Nicolas de Nincel et Alphonse Cosnier, qui exerçait son art vers 1580. Le plus célèbre est Jacques de Sainte-Marthe, de l'illustre famille loudunaise qui a marqué sa place avec tant de distinction dans le monde de la jurisprudence, des lettres, des sciences et en particulier de l'histoire. Les Sainte-Marthe furent les conseillers de Louise de Bourbon; ils avaient un domicile à Fontevrault et, selon un docte écrivain, Charles Sainte-Marthe, docteur et poète, naquit à Fontevrault en 1512. Gaucher de Sainte-Marthe avait été médecin de François Ier, Jacques le fut des princesses Louise et Eléonore de Bourbon, et, en 1575, il assistait à l'entrée en charge de cette dernière abbesse. C'est, dit-on, un membre de la famille Sainte-Marthe que Rabelais a dépeint sous les traits de « *Picrochole*, médecin de madame de Fontevraulx » ; il possédait un domaine à Lerné et eut le tort d'éveiller la

<hr>

(1) *Ms. de Marmoutier,* abbé Edouard, *Fontevrault,* t. II, p. 160.
(2) Voir la liste des visiteurs à *l'Appendice.*
(3) Archives de Maine-et-Loire, *Titres de Fontevrault,* liasse Saint-Aignan.

susceptibilité du fougueux amant de la « dive bouteille » (1).

La retraite élève et fortifie les âmes bien trempées ; la claustration forcée souvent amollit et brise les ressorts de la vie morale. A Fontevrault, la réclusion produisit chez les femmes plus d'un cas d'aliénation mentale. Une illustre visiteuse, Mlle de Montpensier, de passage au monastère vers 1637, va nous donner une idée du traitement qu'on appliquait à ces infortunées. « Quand j'entrai dans l'église, dit-elle, Beaumont et Saint-Louis (ses suivantes), au lieu de me suivre allèrent se promener dans les cours de la maison, où elles entendirent des cris horribles. Beaumont eut peur et voulut s'enfuir ; Saint-Louis la rassura et lui dit qu'il fallait voir ce que c'était. Elles avancèrent vers le lieu où elles avaient entendu ce bruit : elles trouvèrent une folle enfermée dans un cachot où il y avait une fenêtre d'où l'on ne pouvait voir que la tête. Cette pauvre créature était toute nue, et après qu'elles eurent ou quelque temps le plaisir de son extravagance, pour me divertir, elles vinrent m'avertir ; je laissai l'entretien de madame l'abbesse, je pris ma course vers ce cachot et n'en sortis que pour souper. Le lendemain, madame de Fontevrault me régala d'une seconde folle. Comme il n'y en avait plus pour un autre jour, l'ennui me prit ; je m'en allai (2). »

Afin de chasser l'impression pénible produite par ce douloureux spectacle, nous allons assister à l'installation d'une abbesse. Elle était fille de Louis de Pardaillan, duc d'Antin, fils légitime de madame de Montespan, et de François de Montmorency-Luxembourg, dame d'honneur de la reine ; elle avait reçu le voile en 1742, des mains de l'abbesse Louise de Rochechouart, sa tante. « Vers une heure et demie, écrit un témoin, on ouvrit la grande grille ; le grand prieur (chargé de tenir la place de l'official de Poitiers absent), à la tête de ses religieux, accompagné du notaire apostolique, de deux témoins et des officiers de l'abbaye, traversa la cour et invita

---

(1) Biblioth. nation., coll. Dupuy, *Note de Bouchereau*, du xviie siècle ; *Menagiana*, édit., 1693, p. 429.
(2) Mémoires de Mlle de Montpensier.

Mme l'abbesse à se rendre au chapitre. Elle se mit à sa place de grande prieure, les religieuses du chœur dans les hauts bancs, nos religieux dans les places qu'ils occupent en ces occasions. Le grand prieur, le notaire et les deux témoins se placèrent près du siège abbatial. On lut les bulles, on demanda à la communauté et aux religieux s'ils reconnaissaient madame d'Antin pour leur abbesse : la prieure du cloître et le grand prieur ayant répondu pour tous, le grand prieur l'intronisa dans son siège abbatial; la mère sacristine traversa le chœur portant la crosse de l'abbaye, qui est toujours dans le trésor. Aussitôt le grand prieur la présenta à madame avec les sceaux.....

« Les trois jours suivants, la communauté a régalé Madame; la mère grande prieure, la mère prieure du cloître et les religieuses ont été admises tour à tour à ces repas. Le premier jour, les pensionnaires vêtues en bergères, récitèrent un dialogue en vers composé par un de nos religieux. Vers huit heures du soir, il parut au bout du jardin de l'abbatial, un feu d'artifice qui réussit assez bien pour un lieu champêtre. Le 5 août, Madame a tenu le chapitre général de l'Ordre. Elle donna la liste des confesseurs, qu'elle plaçait dans les couvents, aux religieux qu'elle avait nommés pour ses vicaires, dans les quatre provinces de France, de Guienne, d'Auvergne et de Bretagne, ce qui leur donne droit de Visiteur apostolique pendant les trois années de leur vicariat ; Madame leur donna les sceaux et les pouvoirs scellés.

« Le dernier jour, 6 d'août, les religieux vinrent de leur couvent dans notre église, revêtus d'ornements sacerdotaux et apportèrent processionnellement le Saint-Sacrement, firent trois tours dans l'église, saluant Madame l'Abbesse deux à deux, chaque fois qu'ils passèrent devant la grille, où elle était sur son prie-Dieu, la crosse près d'elle. Le jour du chapitre, les religieux tirèrent sur les hauteurs du bois un feu d'artifice, qui se pouvait voir de tous côtés. Les habitants ont aussi donné des marques de leur joie par des illuminations. » Charmante idylle monastique, dont la sérénité contraste singulièrement avec l'invasion brutale des pillards qui saccageront l'abbaye quelque vingt-cinq ans plus tard.

Mme d'Antin se rendit à Paris pour y soutenir les intérêts de l'Ordre. A son retour, le 3 septembre 1767, elle « passa par Saumur, où on lui rendit de grands honneurs, l'abbaye ayant un domaine fort étendu dans cette ville. Nos officiers et une compagnie de 50 cavaliers, composée des principaux bourgeois, partirent de grand matin pour lui faire escorte. Madame arriva à Fontevrault vers les onze heures ; les gardes de la prévôté de Saumur l'accompagnèrent (et c'est leur devoir), 12 carabiniers d'un régiment qui était en garnison à Saumur s'y joignirent, 6 d'entre eux jouèrent de la flûte, de la trompette et du hautbois, tant que dura la marche. En entrant dans le bourg, le sénéchal de Saumur, qui l'avait aussi accompagnée, la harangua. Elle trouva sous les armes, tambour battant, tous les domestiques en habits et chapeaux bordés d'or, le drapeau à ses armes, les gardes et le suisse de l'abbaye. »

Le soir l'abbesse donna aux dignitaires du couvent un grand dîner, durant lequel un concert fut exécuté par « celles des dames qui savaient la musique et jouer des instruments ». A son tour, le lendemain le couvent régala son abbesse, et après le dîner, les « pensionnaires récitèrent, sur une espèce de théâtre, des pastoralles tous les trois jours. Le vendredy on tira un feu d'artifice dans les jardins du logis abbatial; il était magnifique, tant par le dessein que pour les illuminations. Enfin Madame a couronné la fête, le mardi 8 septembre, par une invitation à toutes les religieuses du chœur, de se trouver dans la gallerie. Après avoir pris le café, elle a fait tirer des billets de loterie. Ce sont des porcelaines, couteaux, ciseaux, flacons, tabatières, nécessaires de poche et autres choses convenables à l'usage des religieuses. La veille, Madame avait donné aux pensionnaires des colliers, des coffres et des petits flacons. De si beaux commencements annoncent un avenir très glorieux (1). » Hélas ! ces vœux ne devaient pas se réaliser et ces innocentes fêtes allaient avoir un triste couronnement dans les saturnales de la Terreur.

---

(1) Biblioth. d'Angers, Ms 792, *Notes sur Mme Sophie d'Antin*, par sœur de l'Hospital.

Comme un dernier rayon de soleil à la veille de l'orage, une attendrissante cérémonie illumina les vieilles voûtes de l'abbatiale. Le 28 avril 1785, Madame Louise-Adelaïde de Bourbon, duchesse de Chartres, donna le voile à trois filles de Dubois de Thermes, garde du corps du roi, dont le père, le comte de Thermes, allié des Montespan, avait été compromis dans l'affaire des poisons. Mlles Suzanne, Marie et Catherine, — ce sont leurs noms, — étaient assistées de Louis de Bourbon, duc de Penthièvre, grand amiral de France, de François de Crussol, duc d'Uzès, et de Julie de Pardaillan d'Antin, duchesse d'Uzès. Notons en passant que de 1769 à 1789, il y eut soixante-quatre prises d'habit et cinquante-six professions : la dernière prise d'habit est celle de Suzanne Dubois (1).

En présence de l'esprit « de relâchement et d'insubordination » qu'elle voyait grandir dans et hors sa communauté, Mme d'Antin ne se fit pas illusion sur le coup terrible qui menaçait son Ordre aussi bien que les autres congrégations. Le Cahier des doléances signé par trente habitants de Fontevrault demandait, entre autres choses, l'abolition des droits seigneuriaux, l'égale répartition des impôts, la réforme de la justice et des divers abus : articles que la nuit du 4 août 1789 allait réaliser en partie (2). Le décret sur les biens ecclésiastiques fut le commencement de la ruine (3). Les idées nouvelles trouvèrent plus d'un adepte dans le couvent. Le moine Guerrier, curé de la paroisse, accepta les fonctions de maire, installa la municipalité dans la chapelle funéraire de Sainte-Catherine, et fit officiellement l'inventaire du couvent Saint-Jean, dont il devenait supérieur : dix-neuf cellules étaient occupées, et vingt non habitées ; le mobilier était très

---

(1) *Registre des prises d'habit et professions.*

(2) L'abbaye comptait alors une vingtaine de serviteurs exempts de l'impôt, parmi lesquels un cordonnier, deux jardiniers, un botteleur, un feudiste, un postillon, un garde-scel, un chasseur, deux portiers, etc.

(3) Les revenus de l'abbaye sur la paroisse comprenaient 600 livres en vignes, 1,500 l. d'argent, grains et volailles, 12 à 1500 livres pour six petites fermes, 5 moulins dont 4 affermés, et un servant à l'abbaye, et la forêt de Fontevrault, dont le bois était dépensé à la maison.

modeste. La sacristie renfermait notamment huit morceaux de tapisserie de haute lice, un beau tabernacle en bois surmonté d'un Christ, une châsse contenant le cœur du B. Robert, et quelques tableaux sans grande valeur. Un bon nombre des religieux suivirent l'exemple de Guerrier et acceptèrent la pension que l'Etat accordait à ceux qui quittaient leur monastère (1).

Au grand Moustier, la qualité d'abbesse étant supprimée de par la loi, on dut, en présence du curé-maire, procéder à l'élection d'une supérieure ; ce titre fut conféré à Mme d'Antin, le 15 janvier 1791, par 58 sœurs de chœur et 13 sœurs converses. C'était une étape vers la suppression. Durant les mois d'août et de septembre 1792, soixante-treize religieuses quittèrent l'abbaye ; les unes se retirèrent dans leur famille ; les autres, au nombre d'environ vingt-cinq, laissèrent l'habit, prirent les meubles que leur accordait la nation et demeurèrent dans la commune.

Quant à Mme d'Antin, voyant les portes du couvent envahies par une troupe de bandits, elle se déguisa en paysanne et s'enfuit le 18 janvier 1793. Elle resta quelque temps aux environs d'Angers, puis se retira à Paris ; elle y mourut, dit-on, vers 1799, chez une amie selon les uns et, selon d'autres, à l'Hôtel-Dieu, où la misère et ses forces épuisées l'avaient contrainte à demander un asile. Le Dr Gaulay atteste qu'en 1804, on montrait encore le lit où elle décéda, mais il faut avouer qu'on n'a pu retrouver aucune trace de son décès dans cet asile de la charité (2). Le portrait de Mme d'Antin était demeuré en la possession de son ancienne prieure, sœur Saint-Hubert, qui mourut institutrice à Fontevrault ; en 1867, il fut adjugé au prix de vingt francs.

Du côté des religieux, il y eut davantage de défections. Le grand prieur, Guillon Duplessis, refusa de souscrire à « une impardonnable lâcheté » et, après une vie de périls en com-

<hr>

(1) *Regist. des Délibérat*, avril 1790.

(2) *Histoire des ordres religieux* par une société d'ecclés., t. II., p. 209. — Malifaud, *Notice sur Fontevrault*, p. 59. — Bodin, *Recherches sur Saumur*. — Jubien, *Marie de Bretagne*. — C. Port, *Dictionnaire du Maine-et-Loire*.

pagnie de quelques uns de ses moines, il fut guillotiné le 13 juillet 1793 ; mais la plupart suivirent une voie moins héroïque. Une quinzaine restèrent dans la commune : celui-ci devint instituteur, celui-là tambour de ville après s'être uni à une « républicaine laborieuse, douce, vertueuse, et agréable. » Le curé, abdiquant toutes fonctions ecclésiastiques, déclara, au mois de frimaire an II, « vouloir acquérir une petite portion des biens nationaux pour se livrer à l'agriculture ; quoique âgé de 45 ans, je vais m'empresser, ajoutait-il, de trouver une compagne avec laquelle je puisse filer en paix mes vieux jours » (1). Dans la suite, après la prise de Saumur par les Vendéens, Guerrier embrassa le parti royaliste, fut arrêté le 8 juin 1794, condamné à mort par le tribunal révolutionnaire et exécuté.

Le mobilier de l'abbaye fut vendu à vil prix (16 août 1791-15 octobre 1792). Le vandalisme s'abattit comme un vautour sur le couvent et ses dépendances. On brisa et souilla ce qui rappelait des souvenirs factieux ou superstitieux : tombeaux, statues, reliques et images ; on dilapida tout ce qui pouvait être emporté avec quelque profit. Par ordre du district de Saumur, on démonta les cloches, au nombre de quatorze (2), pour les transporter dans cette ville, ainsi que ce qui avait survécu au sac : calices, ornements et autres objets du culte dont le poids, en argent, s'éleva à 10 kilog. 750 gr. ; on envoya encore 740 livres de plomb qui provenaient des tombeaux. Il n'est pas jusqu'aux murailles qui furent attaquées pour l'exploitation du salpêtre. Désormais et durant de longues années, un morne silence se fit sous les voûtes profanées et un voile de deuil enveloppa l'abbaye qui avait connu des heures si resplendissantes de gloire et de félicité.

Les jours de calme revenus, l'Etat songea à utiliser ce vaste ensemble de constructions. Il se trouva en face de plusieurs projets : l'établissement d'une grande fabrique de toiles pour voiles, d'un hospice central ou bien d'une maison de

---

(1) Archives de la mairie, *Regist. des délibérat.*, 1793.
(2) Il y avait huit cloches au Grand-Moustier, une à Saint-Benoît, deux à Saint-Michel, deux à Saint-Lazare, une à la chapelle Bourbon.

détention. Le 18 octobre 1804, un décret organisa la maison et en fit un centre de reclusion pour neuf départements, dont le chiffre fut porté à dix-neuf en 1817. Les travaux d'appropriation conduits par l'archirecte Cailleau, sur les plans de l'ingénieur Normand (1804-1820), coûtèrent environ deux millions. La maison de détention est comprise dans un vaste parallélogramme avec corps de garde et chemin de ronde ; une seconde enceinte contient les annexes, caserne, hôpital, buanderie, magasins, etc. Elle peut recevoir 1,500 prisonniers, mais sa population ne dépasse guère 1,000 à 1,200 détenus, occupés à des travaux manuels sous la règle du silence. Depuis 1850, il n'y a plus de quartier de femmes, celles-ci ayant été transférées à Rennes. Le personnel comprend un directeur, un inspecteur, un comptable, quatre commis, un architecte, un instituteur, un aumônier, un médecin, un pharmacien, un gardien-chef, quatre brigadiers et quarante gardiens ; un détachement d'infanterie complète la surveillance et le service d'ordre.

Telle est, esquissée à grands traits, l'histoire de l'abbaye de Fontevrault dans ses jours d'heur et de tristesse. Leur empreinte, je voudrais dire indestructible, est marquée dans les monuments qu'il nous reste à visiter avec tout le soin qu'ils méritent.

IV

LES SILHOUETTES

L'ABBAYE OU GRAND MOUSTIER

L'Entrée. — Le Cloître.

On pénètre dans l'ancienne abbaye par une grande porte, jadis appelée *Athanasis* ou de « l'Immortalité », qui ouvre dans une première cour. A droite s'élève un long corps de logis à deux étages, qui sert actuellement d'habitation à l'inspecteur, à l'architecte et au médecin de la Maison centrale ; il se relie au fond à un bâtiment décoré de pilastres, qui après avoir été la demeure de l'Abbesse, est présentement occupé par le Directeur : cet ensemble, de moindre intérêt, est du XVII⁰ siècle. A gauche, des bâtiments récents sont destinés à la compagnie détachée pour la surveillance de la Maison centrale. Ces diverses constructions aboutissent à un passage de cintre surbaissé qui donne accès dans la seconde enceinte.

Dans les couvents, l'église était comme le foyer autour duquel gravitait la vie religieuse, et le cloître était comme l'artère principale du mouvement extérieur. Robert d'Arbrissel se contenta de bâtir, autour du préau, un cloître assez modeste recouvert d'un lambris qui reçut plus tard une voûte mieux en harmonie avec l'église. La fontaine, que l'on trouve dans tous les préaux de couvents, était à l'angle du cloître où l'on voit encore la vasque ; elle fut placée au centre, à l'époque de la reconstruction.

Au XVIᵉ siècle, Renée de Bourbon cédant à la fois à ses goûts de magnificence et au courant artistique qui gagnait même les monastères, entreprit de refaire le cloître ainsi que le réfectoire et la salle capitulaire. Le cloître présente un développement de 56 mètres sur les côtés E. et O., et de 59 mètres sur les côtés N. et S. ; la largeur est de 4 m. 30, et la hauteur de 4 m. 84 sous la clef. Le style flamboyant à ogive surbaissée s'y épanouit, avec toute sa légèreté, dans l'ordonnance des voûtes et la délicatesse des nervures qui retombent sur de gracieux culs-de-lampe, ornés de feuillages, d'animaux et de personnages.

Les arcs aboutissent, au centre de chaque travée, à un fleuron d'une ornementation variée dont les motifs sont tour à tour des rinceaux, des palmes, des ancres, les instruments de la Passion, la figure et le monogramme du Christ et de la Vierge ; on y voit enfin les lettres R et DEB avec l'écu de Bourbon, qui ne laissent pas de doute sur la date de l'œuvre.

Le cloître n'accuse pas moins nettement les modifications apportées plus tard par l'abbesse Louise de Bourbon, sous la direction de l'architecte de la Barre, originaire du Maine. Outre la grande entrée du chapitre que nous étudierons bientôt on ouvrit, du même côté, deux jolies portes Renaissance qui communiquaient avec les dortoirs. Au S.-E., un charmant couloir mettait en communication le réfectoire et la grande cuisine dont l'ancienne porte a été murée ; ses voûtes ornées de caissons et ses niches, aujourd'hui vides, font songer au portique de la Sainte-Chapelle de Champigny-sur-Veude et aux chapelles latérales de la collégiale d'Oiron. Au nord, dans le mur de l'église, huit arcades aveugles correspondent aux ouvertures extérieures, tandis que, à l'extrémité N.-E., est une charmante porte également de style Renaissance. Le même cachet se retrouve aux étages supérieurs dans les fenêtres et les lucarnes soit du côté du cloître, soit à l'extérieur. Ces différentes parties montrent leur acte de naissance dans l'écu de Bourbon avec la lettre L et le Vol couronnés. Que ne portent-elles également la signature du sculpteur qui les a exécutées ! Mais si l'intérieur du cloître offre un aspect à peu près un, il n'en est pas de même du dehors.

Tandis que la portion sud garde la physionomie qu'elle a reçue de Renée de Bourbon avec ses contreforts entre les arcades, les trois autres côtés ont subi extérieurement d'importantes modifications. Les lourds contreforts sont remplacés par une série de colonnes groupées deux à deux, dans le style ionien du xviie siècle. L'arcade, qui correspond à la porte du chapitre, est de plus grande dimension et offrait au sommet les armes de Louise de Bourbon de Lavedan et de Françoise de Rochechouart (1). A cet égard un archéologue s'est mépris, en voyant le blason de l'Ordre dans la brisure de l'écusson de cette dernière abbesse (2). L'erreur tient à ce que le pape Clément IX, pour reconnaître les services que le duc de Vivonne rendit au catholicisme devant Candie, en 1670, permit à ce gentilhomme de placer dans ses armes « le gonfanon de l'église », qui se rencontre tout naturellement dans les armoiries de sa fille, Françoise de Rochechouart. Pendant que nous sommes dans le cloître, visitons, au sud-est, les cachots de l'abbaye. Il y en a quatre étroits et obscurs, placés de chaque côté d'un couloir taillé dans les soubassements du monastère ; sur le mur de l'un d'eux on lit : 1767, *Castary vous pris de prié Dieu pour luy.*

(1) On trouve une vue d'ensemble de l'abbaye dans la collection Gaignières, reproduite par M. Jubien (*Marie de Bretagne*, 1872), dans l'*Histoire de Fontevraud* par l'abbé Edouard (1874), et dans Sandfort, *Généal. hist.* (1677). La lettre L et le Vol couronnés de Louise de Bourbon se retrouvent sur les arcades et les colonnes extérieures du cloître, ainsi que sur le mur sud de l'église. On a détruit, en 1883, un passage couvert qui traversait la cour et partait du balcon de l'est pour aller au chapitre ; l'on modifia en même temps les arcades centrales ; l'aspect actuel a été reproduit par M. de Wismes.

(2) *Répertoire archéologique de l'Anjou,* 1863, p. 356.

Le Chapitre.

Robert d'Arbrissel construisit, au commencement du xiiᵉ siècle et suivant les traditions monastiques, les édifices nécessaires à la vie religieuse. Le type, à peu près uniforme, consistait à grouper presque tous les bâtiments autour du cloître en plaçant l'église au nord, le chapitre et les dortoirs à l'est, le réfectoire au sud et en retour d'équerre divers logis utiles. Il subsiste encore une bonne partie des constructions du Fondateur, en particulier l'église, mais plusieurs ont subi un remaniement complet et c'est à grand'peine qu'on y découvre la trace de l'œuvre primitive : il en est ainsi pour la salle capitulaire.

Le carrelage devant la porte est formé d'incrustations de terre blanche dans la terre noire, et offre des motifs que nous retrouverons à l'intérieur. Le portail très ouvragé du chapitre a son archivolte décorée d'une quintuple rangée d'ornements : la première série est composée de feuillages, d'armes et de L couronnées ; la seconde de dais et de supports délicatement fouillés, avec sept statues parmi lesquelles les Évangélistes ; la troisième de feuillages et de symboles religieux entremêlés de L : la quatrième de six anges placés sous des dais ; enfin la cinquième, de sujets variés comme les armes de France, L couronné et de petits personnages nus. Au milieu de ces ornements, le sculpteur a prodigué jusqu'à sept fois la date de 1543. De chaque côté de la porte, est une niche vide ; les deux fenêtres latérales sont ornées de rinceaux, des L, de divers motifs comme la sainte Face, saint Benoît et sa sœur, saint Nicolas et des religieuses, avec la date 1544. Enfin une frise, qui surmonte la porte, montre le collier de l'ordre royal, deux salamandres et deux F encadrées de la cordelière : ce qui indique suffisamment le règne de François Iᵉʳ.

Par une destination presque analogue à celle qu'il avait autrefois, ce bâtiment est encore appelé *Prévôté*, et chaque jour on y rend la justice pour les délits concernant la discipline intérieure. Au-dessus étaient les dortoirs et le noviciat des religieuses, comprenant trois chambres de chacune cinq lits. Le chapitre fut reconstruit par l'abbesse Renée de Bourbon sur un plan nouveau. Cette salle, qui a 19 m. 65 de long, 11 m. 10 de large et 5 m. 85 sous clef, présente en effet tous les caractères de la première moitié du xvie siècle. Elle est divisée en deux nefs de trois travées chacune ; la retombée des jolies voûtes, à nervures prismatiques et un peu surbaissées, s'appuie au centre sur deux colonnes médiocres qui ont été substituées à d'élégants pendentifs et tout autour sur des culots sculptés : ceux-ci montrent des palmes, des têtes d'animaux, des fleurs de lis, le monogramme de la Vierge, le Vol et L de l'abbesse, plusieurs fois répétés avec la date 1547.

Le carrelage incrusté est d'une austère simplicité et d'un bel effet avec ses tons blancs et noirs. Le pourtour est formé de sept rangées de carreaux dans lesquels on voit successivement des rinceaux, des Vols couronnés, des salamandres aussi couronnées, les armoiries de Louise de Bourbon, les initiales RB se rapportant à Renée de Bourbon, L couronné et enfin des pièces simples. Les angles offrent une disposition différente, mais également symétrique : dans les angles N.-O. et S.-E., aux dessins on a ajouté les initiales LB ; aux angles N.-E., et S.-O., les lettres DB (*de Bourbon*).

La salle est éclairée de quatre fenêtres : deux petites à l'est, deux plus grandes et géminées à l'ouest. Les fenêtres, qui accusent un remaniement manifeste, sont ornées de sculptures d'une grande finesse ; les grisailles modernes sont l'œuvre de M. L. Lobin, l'éminent artiste tourangeau. Les chapiteaux, particulièrement ceux de la fenêtre N.-O., sont simplement décorés ; la fenêtre de l'est a six colonnes, dont deux au centre, avec chapiteaux très sommaires. A la fenêtre S.-O., on voit des fruits, des oiseaux, des têtes de morts, avec des scènes religieuses dans de petits caissons, comme Adam et Eve, la Vierge et sainte Anne, ss. Pierre et Paul, saint Sébastien et deux archers, un roi avec le sceptre et la main de justice, enfin les armoiries, les initiales et les L couronnées de Louise de Bourbon. Celle du N.-O. offre des sculptures du même genre, mais peut-être plus fines : outre des feuillages, des têtes d'anges, le chiffre de la Vierge et le monogramme couronné de Louise, on y rencontre les instruments de la Passion, le Crucifiement, un saint Jean-Baptiste, un pèlerin, une femme près d'un monastère, peut-être sainte Marthe, ainsi que la date 1541.

Dans cette salle, le regard du visiteur se fixe tout particulièrement sur les fresques qui couvrent les parois. Bien qu'elles n'aient rien de commun avec les œuvres du Primatice et soient fort endommagées par le temps et l'humidité, elles renferment pourtant des parties bien peintes. Il y a parfois de bons effets dans les attitudes, l'arrangement de la scène et l'expression des physionomies souvent vraie, toujours d'une remarquable énergie. Ces fresques figurent la *Passion du Christ*, et à l'angle de chaque tableau on a représenté deux abbesses, tenant la crosse et agenouillées sur un prie-Dieu qui porte un livre avec leurs armoiries. Il est à peine besoin de faire remarquer que les abbesses antérieures à ce travail ou contemporaines, ont été peintes par l'artiste lui-même, tandis que les autres ont été ajoutées dans la suite sans crainte de rompre l'ordonnance du sujet; d'ailleurs, il est tel de ces portraits qui mérite d'être reproduit. Parcourons cette intéressante série, en commençant par le côté du nord.

La première fresque, assez bien conservée, représente la *Cène et le Lavement des pieds;* à droite, est une abbesse dont la légende a disparu ; au-dessous de l'abbesse de gauche, la légende à demi effacée porte :

« Madame Marie Gabrielle Eléonore de Bourbon, fille aînée de Louis de B. prince du sang et de Louise ....

L. de France ; elle arriva dans cette abbaye au mois de juin 1696, âgée de ..... prit l'habit le ..... may 1707 ».

La deuxième est la *Trahison de Judas,* remarquable par l'expression des têtes, le mouvement des personnages, les armes de l'époque d'Henri II, et par le costume des Juifs dont la casaque blanche, allusion évidente à la révolte des huguenots, fixe l'époque des fresques. Au-dessous d'une des abbesses, on lit en caractères gothiques : « Madame

Renée de Bourbon, grande prieure de céans et depuis abbesse de Chelles, niepce de M. L. de B. » Sous la seconde, en lettres batardes, il y a :

```
« Mme Loïse   .   .   .   .   .   .   .   .
     .   .   .   .   .   .   de Rouan   .   .   .
et maréchal de .   .   .   .   .   .   .   .
1er gentilhomme du roi .   .   .   .   .   .
général des galères   .   .   .   .   .   .
de Champagne et de Brie   .   .   .   .
de céans. Elle fit m   .   .   .   .   .   .
était grande prieure de  .   .   .   .   .
40. Lorsque la communauté   .   .   .
qui la no .   .   .   .   .   .   .   .   .
qui était mort   .   .   .   .   .   .   »
```

La *Flagellation* est le sujet de la troisième fresque, avec légende gothique ainsi conçue : « Mme Katherine de Bourbô, abbesse de Notre-Dame de Soissons, niepce de M. L. de Bourb... » Vient ensuite, à gauche de la fenêtre, le *Couronnement d'épines* avec ces mots : « Madelaine..... abbesse de (Sainte-Croix) de Poitiers et niepce de M. L. de Bourbon. »

Dans la cinquième est figuré le *Crucifiement ;* l'une des abbesses a devant elle un livre ouvert avec une miniature, et à ses pieds l'inscription : « Mme Loise de Bourbon secôde abbesse de la refermôn de céans, 1567 » ; cette date est sans doute celle des fresques. Au-dessous de la seconde abbesse, il y a : « Mme Renée de Bourbon, première abbesse de la réformacion de Céans ». Son prie-Dieu porte le blason et R. B.

La sixième figure la *Descente de la Croix* dont un dessin a été publié en 1865 (1). La légende de l'abbesse, en lettres capitales, porte : « Mme Jeanne-Baptiste de Bourbon fille de Frâce rse professe de l'abbaye de Chelles est venue en ce monastère l'an 1625 ayâs esté esleue coad-

_____

(1) Chez Barassé à Angers. La planche a été achetée pour le musée d'Angers par M. Godard-Faulticr.

jutrice qu'elle a exercé douze ans dont en a esté sept grande-prieure ; est entrée en la charge d'abbesse lôzième janvier 1637, âgée de vingt-neuf ans (et elle est décédée le 16e de janvier 1670 ») : cette finale, ajoutée après sa mort, est en lettres plus pâles. L'abbesse, placée dans le voisinage, avait une inscription en caractères gothiques qui est effacée. On voit le blason de France et les mots : « grande prieure de céans et depuis abbesse. »

Sur la paroi du sud, l'*Ensevelissement du Christ* présente de sérieuses qualités de dessin. Les légendes des abbesses, en capitales, sont effacées et l'on ne distingue plus que quelques caractères comme « Louise . . . .
. . . .

Quant à la *Résurrection,* elle est très dégradée et les deux légendes n'existent plus.

La série des fresques se continue et s'achève sur le mur de l'ouest. Dans celle de l'*Ascension,* la Vierge paraît avec les apôtres ; un édifice placé dans le paysage figure peut-être le couvent de Fontevrault. La légende est conçue en ces termes : «M. Loïse de Bourbon.... religieuse de Chelles. »

Dans le tableau de la *Pentecôte,* une des abbesses a pour inscription en capitales : « Mme Isabelle de Lorraine, religieuse professe de cette abbaye, le 13 octobre 1602 prieure au prieuré de Provins et depuis ..... de l'abbaye..... »

La seconde, en lettres gothiques, porte : « Mme Renée de Lorraine grât peûre de ceâs et depuis abbesse de Saint-Pierre de Reims, niepce de M. L. de Bourbon. »

Enfin la dernière fresque est la représentation de la *Mort de la Vierge,* avec une « Assomption » en miniature, à l'angle de la scène. Au-dessous du portrait de l'abbesse il y a : « Mme Marie-Magdeleine de Rochechouart de Mortemart, fille de Gabriel de Rochechouart duc de Mortemart, pair de France, premier gentilhomme de la Chambre, commandeur des ordres du roy et gouverneur de Paris. Elle prit l'habit de religieuse à l'abbaye aux Boys de Paris, ordre de Saint-Bernard, de la main des deux reines, Anne et Thérèse d'Autriche, le 19 février 1614, et fit profession dans le même lieu le 1er mars de l'année suivante. Elle fut nommée à cette abbaye (dont elle est la trente-troisième abbesse) le 18 août 1670, fut bénie dans l'église des Filles-Dieu par M. l'archevêque de Paris en présance de la reine, de toute la cour et d'un grand nombre de prélats le 8 février 1671, et fit sa première entrée dans cette maison le 18° mars de la même année. Elle décéda le 15 août 1704 (1). » On a rompu l'unité du sujet pour peindre l'abbesse en avant de deux personnes de distinction qui assistent à la mort de la Vierge. Derrière elle est assise une Fille de France tenant un livre sur lequel on lit : « Très haulte et très illustre princesse Marie-Françoise de Bourbon fille L. de France appelée Mlle de Blois et âgée de .....ce portrait a esté fait. Cette princesse a demeuré icy à plusieurs reprises pendant son enfance et a été bien aise d'y estre peinte auprès de Mme l'abbesse. Elle a épousé à l'âge de 14 ans Mgr le duc de Chartres, fils de Monsieur, frère unique du roy (2). » Le portrait de Mlle de Blois est très curieux et mérite d'être reproduit ainsi que celui de Gabrielle de Rochechouart. A droite du tableau est une abbesse dont la légende a disparu.

Auprès de Mlle de Blois est un personnage qui serait, dit-on, Jean-Baptiste de Gardelles, fils naturel d'Henri IV et de Jacqueline de Bueil. Rien de plus mystérieux que son existence. Antoine de Bourbon, comte de Moret, né en 1607, embrassa de bonne heure la vie monastique. Après maints voyages destinés à dérouter l'indiscrétion des hommes, il se retira dans la solitude de Gardelles, près de l'abbaye d'Asnières et non loin de Fontevrault, où il se construisit un ermitage avec quelques moines, et vécut jusqu'à l'âge le plus avancé. Frère Jean-Baptiste, — c'est le nom qu'il avait pris,

---

(1) Cette finale, en caractères plus pâles, a été ajoutée après le décès.

(2) Mlle de Blois, fille de Louis XIV et de Mme de Montespan, épousa Philippe d'Orléans, dit le *Régent*, né en 1674, mort en 1723, et qui eut un fils, Louis d'Orléans, et six filles : *Marie-Louise* (Mademoiselle), qui épousa le duc de Berry ; *Louise-Adelaïde* (Mlle de Chartres), religieuse ; *Charlotte* (Mlle de Valois), épouse du duc de Modène ; *Louise-Elisabeth* (Mlle de Montpensier), épouse du prince des Asturies ; *Philippe-Elisabeth* (Mlle de Beaujolais), et *Louise-Diane* (Mlle de Chartres), épouse du prince de Condé (Louis-François).

— refusa constamment de sortir de sa retraite. Pourtant, après de longues sollicitations, il dut céder à la demande de M. de Dreux, marquis de Brézé, qui l'amena à Fontevrault où l'on désirait fort sa visite. L'abbesse Gabrielle de Rochechouart et les religieuses l'accueillirent avec une profonde vénération. Sa physionomie toute béarnaise, son esprit pétillant de saillies, le voile dont il recouvrait son illustre origine, le chagrin qu'il ressentit à la mort de l'abbesse Jeanne-Baptiste de Bourbon, l'émotion qu'il éprouvait quand on lui parlait d'Henri IV, confirmèrent ses contemporains dans cette conviction aussi bien que les témoignages formels de plusieurs gentilshommes qui avaient vécu avec lui dans les camps, et les résultats de l'enquête confiée par Louis XIV à l'abbé d'Asnières. Ce serait en souvenir de cette visite que l'abbesse Gabrielle de Rochechouart aurait voulu qu'il figurât près d'elle dans la fresque que nous étudions (1).

Ces fresques, repeintes en quelques parties et dont la détérioration empêche d'apprécier au juste la valeur, sont intéressantes par certaines qualités de facture, par la vérité du costume et des armes du xvie siècle, par les portraits de plusieurs abbesses. Elles ont été peintes de 1565 à 1570, ainsi que l'attestent la date que nous avons relevée et plusieurs détails contemporains : nous ne parlons pas évidemment des portraits ajoutés aux xviie et xviiie siècles. Elles sont l'œuvre de l'angevin Thomas Pot qui, pour son travail, reçut 219 livres 13 sols 3 deniers. L'église de Marillais renferme, paraît-il, une *Crucifixion* signée de la main de Th. Pot, avec sa qualité d'Angevin (2).

L'église abbatiale

Depuis le changement de destination qu'elle a subi, l'église a cessé d'être abordable du côté de l'entrée principale,

(1) Edouard, *Fontevrault*, t. II, pp. 55-74.
(2) Bibliot. nationale, *Titres de Fontevrault*. — C. Port, *Dictionnaire de Maine-et-Loire*.

encaissée par le remblai du chemin. La façade, avec pignon triangulaire et étayée de quatre puissants contreforts, avait toute la gravité du style roman, qui paraît encore en deux fenêtres murées, et dans un vestige de l'archivolte de la porte primitive. Elle a été retouchée au commencement du xvi⁰ siècle et décorée de niches dans le goût de la Renaissance, avec écusson, et flanquée de deux clochetons de forme octogonale ; au siècle suivant on refit la porte principale avec pilastres et corniches dans le style que l'on connaît. Malgré ses mutilations, l'abbatiale présente le plus vif intérêt, et c'est pour l'archéologue une vraie jouissance de rechercher la part qui revient à chaque siècle dans ce majestueux édifice, assurément l'un des plus curieux de notre vieille France, pourtant si riche en belles constructions.

Sur cet emplacement, Robert d'Arbrissel édifia d'abord un simple oratoire pour les besoins religieux de sa colonie, puis il entreprit la construction d'une vaste église qui répondit mieux à la foule des personnes groupées autour de lui. Après s'être assuré le consentement de l'évêque de Poitiers et le généreux concours des seigneurs de Montsoreau et de Montreuil, il commença la construction vers 1102 (1). Il n'eut pas la joie de la voir achever complètement ; pourtant, à sa mort, elle était très avancée et il y fut enterré en 1117. Deux ans après, le pape Calixte II, qui était venu en Touraine et avait reçu l'hospitalité au célèbre monastère de Marmoutier, fit solennellement la consécration de l'abbatiale, resplendissante de tout l'éclat et des grâces de la jeunesse. Elle mesure 84 m. de long et 14 m. 60 de large dans la nef ; la hauteur sous clef est de 21 m. 45. Ajoutons de suite que la portion actuellement consacrée au culte a 33 m. 70 ; le reste est converti en réfectoires et doctoirs pour les détenus.

L'église est formée d'une seule nef, coupée par un transept de 38 m. 60 de long et de 7 m. 35 de large ; elle est terminée par un sanctuaire autour duquel règne un déambulatoire avec trois chapelles absidales. Autour du chœur dix colonnes

____

(1) D. Chamard, *Vies des saints de l'Anjou*, Chronique de saint Florent.

en pierre dure, avec chapiteaux d'une grande simplicité, supportent des arcs faiblement surélevés en ogive. La lumière pénètre par dix fenêtres et le triforium présente une élégante série d'arcades reposant sur des colonnettes avec chapiteaux d'un gracieux effet. Le bras méridional du transept a ses fenêtres murées ainsi qu'une curieuse baie Renaissance, ornée de deux médaillons, qui permettait aux infirmes d'entendre la messe de la salle supérieure ; une semblable ouverture se voit encore à l'ancien prieuré fonte-vriste de Rives, en Touraine. Si le chevet est remarquable, la nef ne l'était pas moins. Les colonnes engagées s'élèvent élancées vers le ciel ; les arcs-doubleaux portaient sur un robuste massif, formé de deux piliers cantonnés de six colonnes ; les chapiteaux, qu'on peut étudier dans les salles supérieures, sont des plus curieux parmi ceux que nous a légués le xiie siècle, et ils ont plus d'un point de ressemblance avec ceux de Preuilly en Touraine, de Fontgombaud en Berry, et de Saint-Aignan dans le Blésois : feuillages, oiseaux, animaux fantastiques, personnages, scènes de la vie du Christ ou des saints, l'archange Michel et le dragon concourent à en faire un des panoramas les plus dignes de fixer l'attention des artistes et des critiques de l'art au moyen âge.

La voûte du chœur, du transept et des bas-côtés est en berceau. Celle de la nef, ainsi que de l'intersection du transept, était formée de six coupoles reposant sur pendentifs. Malheureusement la partie supérieure de l'église a été divisée en quatre étages occupés par un réfectoire, un dortoir, deux autres réfectoires et enfin un grenier. Les travaux d'aménagement ont amené la destruction des superbes coupoles qu'on ne saurait trop regretter ; par bonheur il en reste une qui sert à la fois à nous donner l'idée de ce bel ensemble et à nous indiquer la marche d'une restauration que nous appelons de tous nos vœux.

Les auteurs qui ont écrit l'histoire de Fontevrault, n'ont pas su voir l'abbatiale et y distinguer l'œuvre de plusieurs époques différentes ; à leurs yeux, l'église qui a été consacrée par le pape Calixte II en 1119, est celle-là même que nous visitons en ce moment (1). Il y a là, pensons-nous, une illusion absolue qu'il importe de détruire par un examen plus attentif du monument. Il suffit d'interroger cette coupole sur pendentifs qui témoigne pour ses sœurs disparues, de considérer les ogives qui se marient au plein cintre, de remarquer le défaut de lien originel entre les colonnes de la nef et le mur lui-même, enfin d'observer la différence capitale entre les chapiteaux si fouillés, que l'on admire dans le réfectoire supérieur, et ceux du chœur qui sont d'une si austère simplicité, pour se convaincre que le premier et important travail, du commencement du xiiᵉ siècle, a été complété par une œuvre postérieure et non moins considérable, de la seconde moitié du siècle. Cette conviction se fortifie encore lorsqu'on étudie les dehors de l'édifice, en particulier le curieux chevet. On est frappé de la différence qui paraît entre la nef, les bras primitifs du transept, le chevet dans sa partie inférieure et surtout supérieure d'un côté, et d'un autre côté le reste du transept, les chapelles absidales et le clocher. Evidemment entre le premier travail d'un seul jet et le second qui se greffe sur son aîné, il y a un intervalle d'environ un demi-siècle, durant lequel le progrès des méthodes a permis d'arriver à un concept architectonique que l'ouest de la France ne pouvait réaliser, à l'aurore du xiiᵉ siècle.

Si le visiteur veut bien nous suivre, nous essayerons un travail de sélection qui nous paraît offrir quelque intérêt pour l'histoire de l'art au moyen âge. L'édifice, commencé en 1102, était de style roman français dans son plan, son ordonnance, son chevet, son chœur voûté et sa nef recouverte d'un lambris. Peut-être comportait-elle trois nefs, à l'instar des belles églises de cette époque comme Fontgombaud, Preuilly, Saint-Aignan et la Trinité de Caen. Le monument avait la longueur et la largeur de l'église actuelle (2). La façade avec ses restes

(1) Bodin, *Recherches historiq. sur Fontevrault*, édit. 1810, p. 30-32.—C. Port, *Dictionnaire de Maine-et-Loire*, art. *Fontevrault*.— Jubien, *Marie de Bretagne.*

(2) Pour se convaincre de ce qu'était la première église, il suffit de remarquer dans les murs de la nef les colonnes et les chapiteaux primitifs, placés de trois mètres en trois mètres et qui étaient demeurés soit isolés, soit noyés dans les nouveaux massifs de piliers, destinés à supporter les

d'archivolte, les murs latéraux de la nef avec leurs fenêtres, les petites chapelles qui ouvrent sur le transept, le chœur avec sa colonnade, sa partie supérieure, sa voûte et son déambulatoire sont bien du commencement du xiie siècle ; à la partie extérieure du chevet, les contreforts primitifs émergent visiblement d'une construction plus récente. Si l'on examine le pourtour de l'abside, à la base et au sommet, on remarque la même ordonnance, les mêmes colonnes avec chapiteaux de feuillages et les mêmes consoles réunies par de petites arcatures.

Cinquante ans plus tard environ, on remania l'église, en lui imprimant un cachet nouveau pris sur le modèle des innovations les plus récentes et les plus hardies. Modifier le chevet avec ses trois chapelles absidales, prolonger le transept en l'élevant, édifier la voûte en berceau, relever le faîtage du toit dont la ligne est différente, fortifier les murs à l'extérieur par des contreforts, et à l'intérieur par un robuste et élégant massif de piliers et de colonnes, qu'on pourrait presque isoler des murs, puis jeter sur ces assises d'imposantes coupoles que la France connaissait à peine : telle a été la tâche magnifique des ouvriers de la seconde période. Nous nous empressons de reconnaître qu'ils n'ont rien à envier à leurs devanciers et que leur travail, superbe en soi, reçoit un nouvel éclat de la façon dont il s'harmonise avec le monument primitif : l'unité est si parfaite et paraît si bien la résultante d'un seul jet qu'elle a empêché les archéologues de voir la diversité de temps, de procédés et de construction.

Quel architecte a dirigé ce travail et où a-t-il puisé le principe de ces élégantes coupoles à pendentifs ? Serait-ce le développement normal et comme l'épanouissement des voûtes sur arcs bandés, polygonales d'abord, sphériques ensuite, telles qu'on les trouve à Saint-Martin de Tours (tour Charlemagne) et au clocher de l'ancienne abbatiale de Cormery, qui remontent au xie siècle ? Ou bien un souffle byzantin apporté par la seconde croisade (1147-1149), passant par

coupoles. Les arcs ogives qui supportaient celles-ci sont distants du mur d'environ 80 cent., ainsi qu'on le voit dans le dortoir supérieur.

Saint-Marc de Venise qui venait de se bâtir, s'est-il répandu dans l'Ouest grâce au marché de Limoges, véritable entrepôt de l'Orient en France, de façon à inspirer simultanément Saint-Front de Périgueux et Saint-Jean de Fontevrault ? Nous ne saurions le dire. Certes nous voudrions croire que ces coupoles sont le fait d'ouvriers formés à l'école de l'architecture française, mais nous craignons bien qu'elles ne soient l'œuvre d'artistes venus d'Orient à Venise, puis dans notre région (1).

Les âges suivants apportèrent des modifications accessoires à l'abbatiale. L'ogive paraît en plusieurs endroits ; la Renaissance, avons-nous dit, ouvrit la baie, aujourd'hui murée, qui est à l'extrémité méridionale du transept. Le 20 juin 1504, Renée de Bourbon fit poser la grille du chœur et refaire les stalles dont quelques-unes se voient dans l'église paroissiale de Montsoreau ; il est à peine besoin de remarquer que le niveau du chœur a été surélevé pour le service actuel du culte. Un caveau, ouvert au centre et auquel on descendait par un escalier de seize marches, était dit la *Crypte des abbesses ;* chacune d'elles reposait dans un cercueil de plomb sous une simple dalle, et le mausolée s'élevait dans le chœur, en avant des stalles. Au dehors, on eut le tort de raser les toits en pierres et les bordures avec animaux fantastiques qui couronnaient les absidioles (2).

Le xvii⁰ siècle, cédant à un goût douteux, décora les deux colonnes de l'entrée de la nef d'une sorte de dais avec rideaux

(1) Le vieil historien du Saumurois entrevoyait un côté du problème lorsque, signalant une certaine analogie entre l'abbatiale et les monuments d'Italie, il écrivait: « Bruschetto bâtissait la cathédrale de Pise à la fin du xiᵉ siècle, en 1098, et le chœur de Fontevrault a été commencé vers l'an 1101. Foulques V, comte d'Anjou et roi de Jérusalem, étant reconnu pour avoir fourni la plus grande partie des fonds nécessaires à la construction de l'église principale, on peut supposer, avec quelque fondement, qu'ayant à faire construire un aussi bel édifice, il fit venir le plus bel architecte qu'il y eût alors en Italie, » et dont il aura vu la personne et les œuvres en se rendant en Palestine. *Bodin, Recherch. sur Fontevrault,* 1810, p. 31-32.

(2) Les autels des petites chapelles furent refaits dans le goût néo-grec, ainsi qu'on peut le voir par celui de la chapelle du bras droit du transept, qui sert actuellement de sacristie.

mouchetés d'hermine et soutenus par des génies ; c'est la forme du manteau de chœur des religieuses. Mais surtout il dota l'abbatiale d'une œuvre sur bois que nous retrouverons avec satisfaction à l'église paroissiale. Le maître-autel, consacré par le pape Calixte II, occupa le centre du chœur jusqu'au temps de Louis XIII. L'abbesse Louise de Bourbon de Lavedan, dans son désir d'imiter les perfectionnements apportés avant elle, résolut de le remplacer par un bel autel en bois sculpté avec grand rétable. Sur l'indication du grand visiteur, le Père Richer, abbé de Saint-Vincent du Mans, elle fit la commande à un architecte de cette ville, Gervais de la Barre, qui fut aidé d'un artiste appelé Michel : c'est le même architecte qui refit le tombeau de Robert d'Arbrissel. L'autel fut consacré, au mois d'octobre 1623, par Philippe Cospéan, évêque de Nantes, qui y plaça des reliques de la Vierge, des ss. Jean-Baptiste et Jean l'Evangéliste, et de saint Louis, roi de France ; le maître-autel continua d'être placé sous le vocable de saint Jean, auquel l'église était dédiée (1).

A son tour, l'abbesse Jeanne-Baptiste de Bourbon voulut embellir l'église, et pour exécuter son projet n'hésita pas à « remuer les monuments et faire l'ouverture du Cimetière des Roys ». A l'entrée du déambulatoire, est un double édicule en forme de portique, dont l'architecture est rehaussée de têtes d'anges, de fleurs de lis, des instruments de la Passion et de larmes qui annoncent des monuments funéraires. C'est en 1638, que Jeanne-Baptiste de Bourbon résolut de « poser les fondements de cette excellente et somptueuse architecture qu'elle fit construire et qu'on voit à la grande grille de l'église : savoir, ces deux belles arcades, l'une desquelles couvre le cimetière et toutes les deux costoient la grande grille et appuyant deux autels au-dedans du chœur des religieuses (2) ». Le XVIIIe siècle, de son côté, apporta à l'abbatiale sa part d'embellissement ; si les nouveaux objets n'étaient pas toujours irréprochables sous le rapport du goût, du moins ils contribuaient à augmenter la magnifi-

(1) *Sainte-Famille*, p. 623.
(2) *Id.*, t. III, p. 172.

cence des fêtes. Durant les solennités, l'église était parée d' « ustensiles » qui rivalisaient avec ce que le cloître connut de plus précieux : vases sacrés, reliquaires, tableaux et ornements de toutes sortes en rehaussaient l'éclat. On remarquait notamment un don de Marie de Bourbon, « une petite vierge d'or représentant une Assomption, où il y a six anges qui l'entourent, laquelle est toute couverte de diamants et qui est d'un grand prix ». Les murs étaient tendus de riches tapisseries où l'or et la soie produisaient les tons les plus chauds.

Louise de Bourbon fit confectionner, probablement à Tours, capitale des arts dans l'Ouest, une remarquable et importante tapisserie qui représentait l'*Apocalypse*. Elle offrait de l'analogie avec celle que possède actuellement la cathédrale, et le musée diocésain d'Angers en conserve trois fragments dans l'un desquels paraît saint Louis, patron de la donatrice (1). Le maître-autel, en particulier, était orné de parements aux armes de France et d'Angleterre, d'étoffes tissées d'or et de samyn ou soie rouge (2). Çà et là, on rencontre quelques épaves de ce trésor, qui ont été recueillies par des églises du voisinage. Nous en retrouverons à l'église paroissiale de Fontevrault ; celle de Varennes possède un tableau de Musy figurant la *Dévotion au scapulaire* où paraît le roi avec la reine ; celle de Montsoreau a une très belle *Crucifixion* sur bois où est représentée l'abbesse Eléonore de Bourbon. Enfin le visiteur aperçoit, dans quelque coin de l'abbatiale, certains objets qui n'ont pas disparu dans la tourmente, comme une *Pieta* en terre cuite, un pupitre de bois sculpté en forme de trépied ; l'église de Varennes en montre un de même façon et de même provenance.

Naguères les temples étaient à la fois la maison des vivants et l'asile des morts. L'abbatiale de Fontevrault, par un privilège unique, tenait le premier rang après la basilique de

---

(1) A l'exposition rétrospective de Tours de 1890, les visiteurs ont pu remarquer les fragments de cette tapisserie. V. *Catalogue*, n° 753. — M. de Farcy, Les *Tapisseries de la cathédrale d'Angers*, p. 13-44.

(2) *Sainte-Famille*, p. 513.

Saint-Denis. Elle reçut tout d'abord les restes de Pierre II, évêque de Poitiers, et de Robert d'Arbrissel inhumés chaque côté du chœur. Le tombeau du fondateur, placé près du grand autel, était formé d'une table qui reposait sur quatre colonnes basses et supportait une statue couchée du défunt.

Au XVIIe siècle, l'abbesse Louise de Bourbon de Lavedan remplaça tout à la fois l'autel primitif et le tombeau de Robert, qu'elle recula quelque peu. A la place de ce dernier elle fit élever un mausolée en marbre noir de plus grande dimension. L'arcade ou édicule fut exécuté par l'architecte de la Barre, secondé de Michel, qui firent également le grand autel ; cet autel, l'arcade, la statue et les accessoires coûtèrent 9,674 livres. Sous cette arcade reposait la statue en marbre blanc du Fondateur, ayant ses habits sacerdotaux et le bâton abbatial, la tête appuyée sur un coussin, les mains croisées et les pieds nus. La statue, exécutée à Paris au prix de 800 livres, arriva à Fontevrault le 10 juin 1624. Le cénotaphe était revêtu de plaques de marbre sur lesquelles on avait gravé en lettres d'or des sentences de la Bible. Quelques-unes de ces plaques sont aujourd'hui au château de Saint-Médard, à Chouzé (Indre-et-Loire), où elles servent de dessus de cheminée ; les restes du tombeau mutilé ont été placés dans la sacristie de l'église. Une table de marbre noir avec inscription au nom de Louise de Bourbon, qui se voit dans le petit musée de la tour d'Evrault, a sans doute la même origine. Heureusement le dessin du mausolée nous a été conservé par une planche du *Peplus* de Ménard, gravée par Stuerhelt (1).

Le tombeau de Robert occupa cet emplacement jusqu'à la Révolution. En 1813, lors des démolitions nécessitées par le nouvel état de choses, on découvrit un coffret avec l'inscription suivante : « En cette capse, sont les os et cendres du digne corps du vénérable Robert d'Arbrissel, instituteur et fondateur de l'ordre de Fontevrault selon qu'on le trouva en

---

(1) P. Nicquet, *Histoire de Fontevrault.* — Cartulaire de l'abbaye, t. II, p. 288. — *Répertoire archéologique de l'Anjou*, 1861, p. 217.

son tombeau, quand il fut levé et érigé en ce lieu pour faire le grand autel par le commandement et bon soing de digne abbesse et chef du dit Ordre, Madame Loyse de Bourbon, le 5 octobre 1622 » (1). Le coffret fut canoniquement ouvert en 1847 et en 1860, et l'on y trouva des fragments d'os, des cheveux, des cordelettes de soie, une partie de vêtements, un suaire fort ancien en soie jaune et divers autres débris de la sépulture primitive; il fut scellé avec soin et remis au couvent des religieuses Fontevristes de Chemillé. Actuellement le visiteur cherche en vain la trace de ces sépultures, ainsi que de celles des abbesses ; mais heureusement il n'en est pas de même des tombeaux des princes qui dormaient leur dernier sommeil dans les caveaux de l'abbatiale.

Les tombeaux des rois

La chapelle du transept méridional attire et fixe l'attention par les quatre curieux tombeaux qu'elle renferme et, sur la grille qui la ferme, on pourrait écrire à juste titre : *Sta, viator, et cogita*. Ces sarcophages, intéressants par la dignité des personnages qu'ils représentent, par l'époque à laquelle ils se rattachent et par les vicissitudes qu'ils ont traversées, figurent Henri II, roi d'Angleterre, son épouse Eléonore de Guienne, son fils Richard Cœur-de-Lion, et Isabeau d'Angoulême ou d'Angleterre (2). La statue d'Eléonore est en bois, et les trois autres en pierre de tuffeau. Les unes et les autres sont taillées dans un bloc, évidé de façon à imiter une couchette avec oreiller et draperie ondoyante. Assez récemment, on a mis près des statues des inscriptions mobiles dont le déplacement a jeté plus d'une fois la confusion dans l'esprit du visiteur.

Henri et Richard sont représentés en costume royal, la couronne en tête, l'épée déposée au côté et le sceptre à la

____

(1) P. Nicquet, p. 125.

(2) Elle porte cette double désignation comme fille d'Aimar Ier, comte d'Angoulême, et épouse de Jean-sans-Terre, roi d'Angleterre.

main. La tunique est rouge et le manteau bleu. Le visage d'Henri est plus ému et plus âgé, celui de Richard plus calme et plus jeune ; le premier a plus de barbe ; à peine paraît-elle chez le second. Eléonore porte une robe blanche avec manteau bleu et tient à la main un livre ouvert ; la robe est retenue par une ceinture, et la tête est également surmontée de la couronne royale. A la régularité des traits on devine la reine dont les contemporains ont écrit que « pour la former, la nature avait épuisé toutes ses faveurs ; à la taille la plus parfaite, elle réunissait tous les avantages d'une figure noble et touchante, une bouche admirable, les plus beaux yeux du monde, un regard doux et un air affable, avec un esprit naturellement vif et poli. » La statue en bois d'Isabeau d'Angoulême, assurément la plus remarquable, est de plus petite dimension : tandis que les autres ont plus de 2 m. 20, elle n'a que 1 m. 95. La tête porte aussi le diadème ; les mains sont jointes sur la poitrine ; la robe est bleue, mais la tunique est gris perle, losangée d'or.

Sta, viator, et cogita : faisons ensemble un retour sur l'histoire de ces grands personnages, du moins dans leurs rapports avec l'abbaye. Henri II, roi d'Angleterre, duc de Normandie, comte d'Anjou et de Touraine, dont la vie fut marquée par de vaillantes journées et de lugubres attentats, avait une prédilection marquée pour la France et, dans ce royaume, pour la région chinonaise où il avait établi son quartier général, et, dans cette région, pour la solitude de Fontevrault. Ce prince mourut au château de Chinon, en 1191, et voulut être enterré dans l'abbaye fontevriste. Son corps, revêtu des habits royaux, une couronne d'or sur la tête, le sceptre à la main, un grand anneau au doigt et l'épée à la ceinture, fut conduit au monastère par l'archevêque de Bourges. On l'inhuma dans l'église abbatiale près du chœur, en un caveau où devaient descendre plusieurs autres Plantagenets et qui, pour ce motif, fut appelé *Cimetière des Rois.*

Au-dessous de la statue d'Henri II, on lisait cette épitaphe :

Rex Henricus eram, mihi plurima regna subegi,
Multiplicique modo duxque comesque fui.
Cui satis ad votum non essent omnia terræ
Climata, terra modo sufficit octo pedum.
Qui legis hæc, pensa discrimina mortis et in me
Humanæ speculum conditionis habe.
Sufficit huic tumulus cui non suffecerat orbis (1).

La veuve d'Henri, la belle et frivole Eléonore ou Aliénor de Guienne, qui avait à se consoler de la répudiation de Louis VII de France et des violences de son dernier époux, prit le voile à Fontevrault ; elle y mourut au mois de mars 1204, à l'âge de 81 ans, et fut inhumée auprès de son mari auquel, tardif rapprochement, elle était désormais réunie pour de longs siècles.

Richard Cœur-de-Lion avait précédé sa mère dans la royale nécropole. Le bouillant guerrier, resté célèbre par sa bravoure en Palestine, par sa captivité romanesque en Allemagne, et par sa lutte contre son père, fut mortellement blessé d'une flèche au château de Châlus, en Limousin, dans lequel une légende lui faisait croire à un trésor caché. Il mourut au printemps de 1199 ; ses entrailles furent déposées à Poitiers, selon les uns, et dans l'abbaye de Charroux selon les autres ; son cœur fut mis à Rouen et ses restes, transportés à Fontevrault, furent placés aux pieds de son père comme en expiation de sa révolte. Son mausolée était orné de trois lions ; le premier des rois d'Angleterre il prit un blason. Son épitaphe était ainsi conçue :

Pictavus exta ducis sepelit tellusque Chalulis,
Corpus dat claudi sub marmore Fontis-Ebraldi,
Neustria, tuque tegis cor inexpugnabile regis ;
Sic loca per trina se sparsit tanta ruina,
Nec fuit hoc funus cui sufficeret locus unus.

Plus tard on descendit dans le caveau funéraire la dépouille mortelle de Jeanne d'Angleterre, reine de Sicile, sœur de

(1) André Duchesne, *Histoire d'Angleterre*, liv. XII. La plaque portant cette inscription sert, paraît-il, de dessus de cheminée au château de Saint-Médard.

Richard et mère de Raymond VII, comte de Toulouse ; le comte Raymond y reçut aussi la sépulture. On y plaça, dans un vase d'or, le cœur de Jean-Sans-Terre et celui de sa sœur Béatrix. Celle-ci, fille d'Henri III d'Angleterre, avait épousé Jean II, duc de Bretagne, dont elle eut, entre autres enfants, Aliénor qui devint abbesse du monastère. Béatrix mourut à Londres en 1277, et « son cœur, disent les chroniques, fut apporté à Fontevrault et mis au commun tombeau des Roys. »

A son tour, Isabeau ou Isabelle d'Angoulême vint rejoindre son époux Jean-Sans-Terre dont les mânes troublées durent éprouver une sorte de frissonnement. Après avoir répudié sa femme Avicie de Glocester, Jean n'avait-il pas enlevé, le jour même des noces, Isabeau à son mari Hugues de Lusignan, comte de la Marche ? Veuve de son royal époux, dont elle fut le tourment par sa légèreté, Isabeau revint à son premier fiancé, et elle était à ses côtés quand, vaincu à Taillebourg en 1242, le comte de la Marche vint demander grâce au vainqueur saint Louis (1). Elle survécut peu de temps et fut enterrée à Fontevrault par les soins de son fils, Henri III d'Angleterre, qui la fit exhumer, conduisit lui-même le corps dans le *Cimetière des Rois*, en attendant que son cœur y fut également déposé. A Fontevrault, comme à Saint-Denis, les rangs étaient « pressés, » suivant une expression de Bossuet. Le caveau de l'abbatiale reçut encore la dépouille mortelle d'Ala et de Mathilde, duchesses de Bourbon ; de Mathilde, duchesse de Nevers ; de Sybille, fille d'un empereur de Constantinople ; enfin de Marguerite, fille de Thibaut, comte de Champagne, et de sa nièce Agathe.

Pour quelques-uns des défunts l'on se contenta d'indiquer l'identité par une simple plaque de cuivre. Six d'entre eux furent honorés d'un mausolée formé d'une statue couchée sur un lit funèbre. Ce sont Henri II et Eléonore de Guienne, Richard et Jeanne d'Angleterre, leurs enfants, Isabeau d'Angoulême et Raymond, comte de Toulouse. Ces statues tombales étaient placées les unes à côté des autres, au bas du

---

(1) Joinville, *Histoire de saint Louis*, édit. de Wailly, p. 69, 73.

chœr e t près le transept ; celles d'Isabeau et de Raymond étaient plus proche de la grille. Raymond de Toulouse était représenté se frappant la poitrine de la main droite, comme pour exprimer son repentir d'avoir suivi les erreurs des Albigeois. « Sur un pilier proche (le cercueil), paraissait, en plate peinture, sa figure armée, avec la cotte d'escarlatte, au milieu de laquelle estoit la grande croix de Tolose, pattée et accompagnée de douze besans d'or, trois à chaque pointe. On avait osté son ancien mausolée de pierre, richement décoré, garny de divers écussons de Tolose, de France et d'Angleterre, avec trois léopards d'or, pour monstrer qu'il était issu de ces familles ; mais une effigie couchée se voyait, richement couverte de vestemens azurés et parsemés de petits écussons de gueulles à deux griffons affrontez d'or et de plusieurs croix pattées (1). »

L'histoire de ces tombeaux comprend quatre phases distinctes : de leur installation à l'année 1504, de 1504 à 1638, et d e 1638 à la Révolution, enfin de la Révolution à nos jours. Pendant trois siècles, les cercueils dans le caveau et les tombeaux dans l'église conservèrent leur place respective. Mais lorsque l'abbesse Renée de Bourbon fit poser, en 1504, la grille destinée à séparer le chœur de la partie réservée aux religieuses, elle écarta un peu les statues tombales, tout en les laissant dans la clôture ; elle modifia également la disposition des cercueils, et Richard cessa d'être aux pieds de son père, et Jeanne aux pieds de sa mère, Eléonore. Les effigies furent dès lors rangées dans cet ordre : Henri II, Richard, Eléonore, Jeanne et, plus près de la grille, Isabeau et Raymond. Y avait-il originairement plus de six cénotaphes ? Nous l'ignorons ; toujours est-il que l'on n'en voyait que six en 1638, époque à laquelle ils subirent un nouveau dérangement. L'abbesse Jeanne-Baptiste de Bourbon entreprit d'élever, de chaque côté du chœur, l'arcade que nous avons vue ; celle de droite devait recouvrir le caveau royal. Or la fondation de l'édicule obligea de nouveau à changer la disposition des tombeaux.

(1) *Sainte-Famille*, t. III, p. 472.

Lorsqu'on remua les corps, on fut frappé de la façon toute orientale dont avait été enseveli Raymond, comte de Toulouse. « Il estoit, dit un témoin oculaire, tout bandé et couvert de passemens tissus d'or, beaux et luisans à merveille, nonobstant la longueur des siècles et la pourriture de la chair ; les uns larges d'un doigt, les autres de deux, trois et quatre doigts, qui entouraient et bandaient tout ce corps, depuis les pieds jusqu'à la tête, mesme jusqu'à l'extrémité des doigts ; et pour couvrir le sommet de la tête, un tissu plus large, en forme circulaire, et d'autres plus petits, pour mettre aux coudes et aux rotules des genoux. Il était tellement engoncé et enveloppé dans ces bandes, que le seul visage paraissait à découvert. On trouva enfin deux pointes et garnitures de fin or, pour enrichir les deux bouts d'un sceptre ducal (1). »

Durant les XVIIe et XVIIIe siècles, la cendre des rois et reines, ainsi que leur tombeau, jouit d'un calme parfait ; mais l'orage allait bientôt bouleverser les mausolées et disperser les restes au vent de la tempête révolutionnaire. Lors de la violation des tombeaux, les restes de Richard Cœur-de-Lion furent, dit-on, recueillis par un habitant de la localité. Rendus à l'Angleterre, ils reposent à cette heure, avec les souverains d'Outre-Manche, dans les caveaux de la superbe abbaye royale de Westminster (2).

En 1812, au rapport d'un témoin, les quatre statues que nous avons visitées, gisaient encore pêle-mêle parmi les

(1) *Sainte-Famille*, t. III.

(2) Pour les monuments royaux, voir Sandfort, *Généalog. hist. of the Kings*, p. 65, 1677 ; Montfaucon, *Monuments de la Monarchie*, t. II, p. 113, pl. XV ; *Sepulcral Mon. in Great Britain*, t. I, p. 30, London, 1784 ; Gaignières, Ms. *Dessins*, t. XII, f. 14, 15, 18, 20 ; Stothard, *Monum. Effig. of Great Brit.*, 1816 ; *Annales archéologiq.*, t. V, p. 236 et 280 ; Louis Courajod, *Gazette des Beaux-Arts*, article tiré à part sous le titre : *Les sépultures des Plantagenets à Fontevrault* (1867, in-8, 22 p.) ; Grille, *Fontevrault et les tombeaux des rois*, à la suite du « Siège d'Angers », p. 191 ; Niquet, *Hist. de Fontevrault* ; C. Port, *Diction. de Maine-et-Loire*. — Cfr, pour la statue de Richard : Deville, *Tombeaux de la cathédrale de Rouen*, 1829, pl. CLVIII ; Bordier et Charton, *Histoire de France*, p. 290 ; — statue d'Henri II, dans la *Collection de costumes*, par Vieil-Castel, pl. CLXX ; — statue d'Eléonore : Bordier, *Histoire de France*, p. 330 ; *Mémoires des Antiquaires de l'Ouest*, p. 1845.

décombres. L'historien du Saumurois, — c'est de lui qu'il s'agit, — proposait de les envoyer au Musée National ou bien de les placer « dans les petites chapelles de la Tour d'Evrault ; en mettant, écrit-il, sous celle de Richard Cœur-de-Lion, les restes de ce prince qui ont été recueillis soigneusement après la profanation des tombeaux, on ajouterait encore à l'intérêt qu'inspireront ces anciens monuments. Leur réunion sous les voûtes sombres de cette tour, dont le style est bien en rapport avec celui de ces morceaux de sculpture, produirait un bel effet d'ensemble. Les voyageurs se détourneraient de leur route, pour voir cette chapelle sépulcrale, consacrée à la mémoire de souverains étrangers. Les Anglais, qui viennent en temps de paix s'établir à Tours et à Angers, pour y jouir de la beauté du pays, visiteraient sans doute avec beaucoup d'intérêt et peut-être avec reconnaissance ce monument funéraire, qui serait pour eux monument national. » — Puis en archéologue du commencement du siècle, il ajoutait : « Après avoir rétabli les parties brisées, il n'y aurait plus qu'à gratter la peinture et la dorure des figures et des draperies, et on passerait sur le tout une belle couleur de *bronze* » (1).

Le préfet du département, M. de Wismes, décida de mettre les statues dans la Tour d'Evrault. En 1817, le gouvernement anglais les réclama, mais en vain. Sous la monarchie de juillet, en 1846, on les enleva durant la nuit pour le Musée National ; on les plaça à Versailles, puis au Louvre où le gouvernement les fit restaurer et repeindre à neuf. Grâce à l'intervention du ministre Angevin, M. de Falloux, elles furent rapportées à Fontevrault en 1849. L'impératrice Victoria, en fit la demande à Napoléon III, qui ne refusa rien à sa « chère cousine ». Mais heureusement, par suite d'un malentendu, accompagné de protestations du Comité historique et de réclamations de différents côtés, le projet ne reçut pas d'exécution. Malgré les désirs, bien légitimes d'ailleurs, de nos voisins d'Outre-Manche, nous espérons bien que les statues ne

(1) Bodin, *Recherches historiques sur Saumur*, 1812, t. I, p. 336 ; *Fontevrault*, p. 60, 61.

quitteront jamais l'église pour laquelle elles ont été faites ; nous nous permettrons seulement d'exprimer le vœu que l'on veille à leur parfaite conservation et qu'on les entoure de tout le respect dû à de si précieux souvenirs.

La chapelle de l'abbesse et le cimetière.

Au sud-est de l'abbatiale, se trouve la chapelle Saint-Benoît, dite *de l'abbesse*, qui sert actuellement de brasserie. Elle a 18 m. de long jusqu'au sanctuaire, et 8 m. de large ; l'abside est voûtée ainsi que la première travée ; les murs étaient recouverts de peintures dont on voit les vestiges. Les fenêtres sont à plein cintre et l'ogive paraît aux arcs doubleaux : ce qui autorise à en placer la construction dans la seconde partie du XIIe siècle. De fait, en 1180, une fondation de 2 écus de rente fut faite en faveur des infirmes de Saint-Benoît.

Au VXIIe siècle, cette chapelle fut adaptée au logement des grandes prieures et constituait un second cloître avec les *grandes infirmeries*. En 1628, on enterra devant l'autel Denis Soliman, secrétaire de l'abbesse Louise de Bourbon de Lavedan. Détail digne de remarque, le mur extérieur du côté nord, est tapissé de pierres tombales où se lisent les noms des religieuses, décédées durant les deux derniers siècles. Plus loin, dans la direction de l'Est, étaient installés les *greniers*. Nous venons de parler de tombes. Au début, il n'y eut qu'un cimetière pour tous les membres du couvent Fontevriste, ainsi que le voulaient les Constitutions (1), et Robert d'Arbrissel demanda à être enterré dans ce cimetière commun, qui était près le couvent de la Madeleine. Dans la suite, on installa deux cimetières séparés, et les sœurs furent inhumées dans l'intérieur de leur clôture ; la Réforme consacra cet usage. La présence des pierres tombales, que nous avons signalées, dit assez l'emplacement du cimetière des religieuses ; quant aux abbesses, nous savons qu'elles étaient

(1 *Regula Fontis Ebraldi*, c. 42, 64.

inhumées dans le chœur de l'église. Le cimetière des religieux était à l'ombre du clocher de Saint-Jean-de-l'Habit.

Nous avons visité la portion, pour ainsi dire, sacrée de l'abbaye ; il nous reste à parcourir des monuments d'un intérêt différent, mais qui sollicitent également notre curiosité. Pénétrons dans la partie sud du monastère.

La tour d'Evrault.

Si nous consultons les vieilles légendes populaires, elles nous apprendront que ce curieux édifice était, en plein moyen âge, la retraite d'un brigand qui, le soir, allumait au sommet un fanal pour faire tomber en ses mains les voyageurs égarés dans les épaisseurs de la forêt ; sa forme et l'époque de la construction, indiquée par le style, répondent assez mal à cette fantaisie romanesque. Si nous interrogeons tel historien, il nous répondra que c'était « une chapelle sépulcrale placée au milieu d'un cimetière pour y déposer les morts et y faire quelques cérémonies religieuses avant de les y enterrer » (1). Mais sa structure, son éloignement de l'église et du cimetière, et surtout les détails que nous révèlera notre visite, détruisent cette opinion pour laisser absolument subsister celle qui est admise par les architectes et les archéologues (2). Nous sommes tout simplement en présence de l'ancienne cuisine de l'abbaye.

Une communauté aussi considérable demandait une cuisine qui permît de faire cuire à la fois beaucoup d'aliments ; le problème fut résolu par la construction de cette sorte de rotonde qui remonte au milieu du XIIᵉ siècle, ainsi que le témoigne le mélange du plein cintre et de l'ogive naissante. Peut-être y avait-il là, avant l'arrivée de Robert d'Arbrissel,

---

(1) Bodin, *Recherches historiques sur la ville de Saumur*, t. I, ch. XXVII.— M. C. Port, le savant architecte de Maine-et-Loire, suivit d'abord cette opinion, la rejeta et finalement y revint. *Diction. de Maine-et-Loire*, art. *Fontevrault.*

(2) Viollet-Leduc, *Diction. d'architecture*, t. IV. — De Caumont, *Abécédaire d'archéologie, architecture civile*. — *Monasticon Gallicanum*, passim.

quelque tour bâtie sur le fief d'un seigneur appelé d'Evrault, et dont le nom, rapproché de la fontaine, a produit la dénomination de Fontevrault. Après avoir détruit ou utilisé la construction primitive, on l'aura remplacée au cours du XIIe siècle par le bâtiment que nous voyons, et la désignation de Tour d'Evrault aura persisté jusqu'à nos jours. Avec un développement plus ou moins considérable et des modifications de détail, c'était la place généralement adoptée dans les couvents. Plusieurs monastères avaient des cuisines semblables en forme de rotonde ou d'octogone, entre autres Marmoutier, Pont-Levoy, Saint-Père de Chartres, Saint-Etienne de Caen et, plus près, Saint-Florent de Saumur (1).

Abordons la visite de cet édifice. Il a perdu quelque chose de son cachet extérieur, d'un côté par la construction du chemin qui l'a encaissé profondément, et de l'autre par le réfectoire qui a supprimé deux absidioles ; mais il demeure l'un des plus curieux du sol de notre vieille Europe. C'est une tour octogonale, couverte en pierre imbriquée, et dont les pans offrent des absides semi-circulaires avec toit conique, également recouvert en pierre. Entre chaque absidiole est un pilier à chapiteau de feuilles lancéolées que nous retrouverons intérieurement. Le temps a fort endommagé le toit dont le plan incliné offrait une série de petits triangles superposés et formant des losanges ; on voit encore les restes de cette ornementation. A première vue, — et c'est ce qui a trompé maints touristes, — l'intérieur ressemble à une chapelle avec absidioles rayonnantes dans le genre des rotondes byzantines. L'élévation est de 23 m. 70 jusqu'à la base de la lanterne, le diamètre a 9 m. dans œuvre. Elle présente comme trois sections superposées : octogonale à la base, elle devient rectangulaire à la partie moyenne, pour reprendre la forme octogonale au sommet. Dans les intervalles des absides sont huit colonnes, semblables pour le diamètre, les bases et les chapiteaux de feuilles lancéolées, mais inégales par l'élévation. Quatre des colonnes ne s'élèvent qu'à la hauteur des arcades ogivales des absidioles, et les quatre autres montent jusqu'aux

(1) De Caumont, *Abécédaire d'archéologie, architecture civile.*

grands arcs et s'y réunissent par un petit quart de cercle. Les angles de l'octogone supérieur répondent au centre des pans de l'octogone inférieur, et, grâce à la combinaison des lignes droites et courbes, la tour prend la forme carrée ; à cet endroit il y a quatre ouvertures rectangulaires. Sur le plan carré repose la pyramide qui est couronnée par une lanterne octogonale, ouverte de façon à laisser passer l'air et la lumière. Cette lanterne, à l'instar de celle de la chapelle Sainte-Catherine, est percée de petites fenêtres trilobées, retenues par une armature, mais elle n'a pas de chapeau, en sorte que des gouttes de pluie tombent à l'intérieur.

L'édifice, détaché des autres bâtiments, avait jadis huit absidioles éclairées chacune par trois fenêtres romanes qui ont été murées ; du côté de l'est, deux absidioles ont été fermées, et une troisième communique par une porte à la salle contiguë; les cinq autres sont parfaitement conservées à l'exception d'une seule, un instant transformée en latrine, mais qu'il est facile de restituer. Leur sommet se termine par une sorte de voûte octogonale avec une ouverture sur plan oblique. Ces ouvertures étaient évidemment destinées à laisser s'échapper la fumée des âtres ou fourneaux, installés dans chacune des absidioles, tandis que la colonne principale de fumée s'échappait par la lanterne centrale. Cette disposition nous paraît établir péremptoirement la destination de l'édifice ; la contiguïté du réfectoire, que nous visiterons tout à l'heure, achève de faire la preuve.

Au début du siècle, la Tour d'Evrault était très endommagée, mais on eut le soin d'y faire les réparations les plus urgentes, sous la direction de M. Normand, ingénieur chargé de l'aménagement de Fontevrault. Nous constatons avec plaisir qu'on y a installé, par les soins de l'architecte, un commencement de musée ; par sa disposition, elle est en effet toute désignée pour recevoir les objets intéressants qui proviennent de l'abbaye. Des moulages des plus curieux chapiteaux de l'église et de panneaux de la Renaissance, de fines sculptures, de jolies têtes, des fragments de statues, (dont une de saint Jean-Baptiste), un boulet de pierre, une table de marbre noir portant en lettres dorées : « Jeanne-

Baptiste de Bourbon, fille de L. de Bourbon, xxii⁰ abbesse de Fontevraud, » et un certain nombre d'objets antiques, constituent le premier fond de cette collection qu'il est facile de compléter et de rendre très intéressante (1). Nous nous permettons d'attirer sur ce point l'attention de l'actif et intelligent Directeur de la Maison centrale.

Le réfectoire.

Nous quittons la tour par la porte qui la mettait en communication avec le réfectoire. A l'époque de la construction du réfectoire actuel, on détruisit les deux absidioles orientales et on les remplaça par la grande cheminée qui se voit encore dans le mur de séparation. Cette travée, prise sur le réfectoire, aura servi de cuisine lorsque vers le xv⁰ siècle, on abandonna généralement les cuisines moyen âge dont le Monasticon gallicanvm, dressé à la fin du xviii⁰ siècle, nous a conservé le dessin avec les légendes *antiqua coquina*.

Suivant la disposition ordinaire, le réfectoire est au sud du cloître dont il a toute la longueur; il occupe l'emplacement du réfectoire primitif dont les fenêtres avec ogive pure paraissent dans le mur du midi; ses dimensions sont de 45 m. 70 de long, 10 m. 25 de large et 8 m. 70 de haut sous la clef. L'abbesse Renée de Bourbon le fit construire dans le style flamboyant. Une élégante voûte en pierres divisée en huit travées, avec nervures prismatiques comme celles du cloître, lui donne un aspect d'autant plus grandiose qu'il n'y a pas de colonnes. Le cloître au nord et de robustes contreforts au midi maintiennent la poussée des voûtes; sur la façade méridionale, on éleva également au xv⁰ siècle trois fenêtres géminées pour les mansardes. Cette belle salle sert

(1) Sur un petit socle, on lit les lettres, sfx — sild, et sur un autre, M. de la c(o)vrt qvi d(eceda a l')aoe (dd.....) en mil. six cent..... Un moulage reproduit une inscription qui se lit sous la voûte du lavoir de la buanderie, et porte : « Cette première pierre de cete voute a esté posé par Mme Anne Lemàde grande seleriére, l'an 1671. »

de réfectoire pour les détenus, tandis que l'étage supérieur est occupé par les dortoirs. Louise de Bourbon, qui apporta tant de modifications à l'abbaye, ne fit pas de changements au réfectoire. Quant aux autres travaux, elle continua avec d'autant plus de suite qu'en 1567, la reine Catherine de Médicis, ayant reçu l'hospitalité à Fontevrault, fit don à la supérieure de 10,000 livres pour achever les bâtiments, et en particulier le grand dortoir commencé par Renée de Bourbon (1). A l'extrémité Est du réfectoire, on voit encore les restes de la stalle occupée par l'abbesse quand elle assistait aux repas de la communauté; une inscription, gravée sur marbre noir, porte que en 1882 le réfectoire a été restauré « sur les indications et les recherches de M. H. Pluchart, inspecteur général des services administratifs du Ministère de l'Intérieur, et sous la direction de M. Rouyer, architecte interne de la maison centrale. » Les clefs de la voûte sont ornées de fleurons et de signes symboliques, et sur les culots on remarque des anges, des instruments de la Passion mêlés aux initiales R. de l'abbesse.

La bibliothèque.

Qui dit monastère dit bibliothèque. Fontevrault, grâce à son organisation spéciale qui groupait frères et sœurs, vit s'accroître assez rapidement ses richesses bibliographiques. Dès le XIIIe siècle, on y comptait déjà un certain nombre de volumes qu'Aliénor de Bretagne augmenta de plusieurs beaux manuscrits. Nous citerons notamment : « deux paires de Bréviaires avec des fermoirs d'argent en trois endroits; un Missel doré avec fermoirs d'argent; deux Psautiers, dont l'un est doré en dedans et dehors; un Collectoire et une Histoire de la vie des Pères, garnie d'argent; deux Graduels, deux Antiphonaires et un livre de la bienheureuse Marie (2) ».

Le XVe siècle dota Fontevrault de nouveaux ouvrages. Un

(1) *Sainte-Famille*, t. III, p. 628.
(2) Martyrologe de Fontevrault, *Sainte-Famille*, p. 513.

des plus remarquables et des plus en vogue à cette époque est la *Légende dorée*, en français, du dominicain Jacques Vorraggio ou Voragine. C'était un don de l'abbesse Marie de Montmorency, fille du connétable Mathieu, dont le volume portait les armes avec de fines enluminures ; elle l'avait fait placer au milieu du chœur du couvent, retenu par une chaîne, de façon qu'il pût édifier les sœurs sans éveiller la convoitise des étrangers (1). Après elle, Marie de Bretagne légua à la bibliothèque une foule d'ouvrages d'exégèse, d'hagiographie et de mysticité, ainsi que des sermons et des traités des Pères. Les uns étaient en parchemin, les autres en papier; un bon nombre reliés avec fermoir d'argent, plusieurs ornés d'enluminures et de miniatures, et recouverts de velours rouge (2). Parmi les plus remarquables se trouvaient une Bible en deux volumes, aux armes d'Orléans avec fermoir d'argent; un Psautier, couvert « de tappo de veloux rouge » aux mêmes armes et avec fermoirs d'argent ; un livre de Vita Christi, « ystoriez de deux hystoires, couvert d'une chemise de cuir rouge » ; les Heures de Notre-Dame, en français, « hystoriées, relyées, fermantes à fermouers d'argent doré »; enfin plusieurs livres de spiritualité aux armes de Bretagne; il y avait même « ung grant mapemonde. » Or ces ouvrages ne dormaient pas sous la poussière des rayons : ils étaient à l'usage des religieux et religieuses, au témoignage d'un Inventaire qui constate ingénuement la négligence de F. Jean Selles qui « a perdu la Montaigne de Contamplacion (3) ».

Cet amour intelligent des livres était cause qu'on ne négligeait aucune occasion favorable d'augmenter la bibliothèque. Le sénéchal de Saumur étant mort en 1632, Mᵉ Texier, médecin de Louise de Bourbon de Lavedan, acheta pour le couvent les ouvrages du défunt, au prix de 4,500 livres. Vainement d'ailleurs eût-on cherché un archiviste plus zélé et plus laborieux que le P. Lardier : il a rédigé 71 volumes in-folio d'environ

---

(1) Sainte-Famille, t. III, p. 18.
(2) Cfr. *Inventaire, Appendice*, dans *Marie de Bretagne*.
(3) Cfr. *Inventaire, Appendice*.

un millier de pages, dont 8 sont encore aux archives de Maine-et-Loire; il est vrai que l'archiviste ne dormait qu'une nuit sur trois, au rapport de ses confrères. On ne s'étonnera plus d'entendre B. Pavillon, l'auteur de la *Vie de Robert d'Arbrissel*, signaler « cette belle bibliothèque de Fontevraud, à présent si renommée dans toute l'Europe et qui est véritablement une des merveilles de la province d'Anjou » (1). Rabelais même y avait trouvé droit d'asile, s'il faut en croire l'historien contemporain Guillaume Colletet, mort en 1659. « Dans l'abbaye, écrit-il, on garde précieusement un livre manuscrit de Rabelais qui est un ample recueil de ses diverses poésies, comme je l'ay appris du fils de René Chartier, docteur médecin du roy, qui l'a veu, leu et feuilleté sur les lieux » (2).

A son tour, la belle Gabrielle de Rochechouart mit à profit ses relations avec les lettrés de France et même d'Europe, dans le but d'enrichir la bibliothèque des meilleures œuvres de cette époque. Quelle période plus favorable en effet que cet âge d'or, qui a enfanté tant de travaux dont la perfection servira à toujours de modèle aux amis du Vrai et du Beau! Le savant D. Martène écrivait après une visite : « La bibliothèque est très grande et bien remplie de livres ; on y voit quelques manuscrits dont les plus curieux sont des *Heures* qu'on croit avoir servi à un duc de Bretagne, écrites en lettres d'argent sur du talc, dont toutes les marges sont ornées de vignettes et de miniatures très délicates ; et le Bréviaire de Madame Renée de Bourbon, réformatrice de l'abbaye, qui lui avait été donné par le cardinal de Bourbon » (3).

La tempête allait disperser ces trésors. En 1790, la commis-

---

(1) Balthasar Pavillon naquit à Saumur en 1620 ; il fut prieur de plusieurs maisons en Poitou et en Anjou, aumônier du roi, et mourut à Fontevrault après avoir légué le tiers de ses biens au couvent en demandant à être enterré près de Robert d'Arbrissel. A propos de son livre, publié en 1666, il ajoutait dans son testament : « J'ordonne que toutes celles des dames de Fontevrault qui voudront avoir la *Vie du B. Robert*, le sieur Ernou, libraire, leur en donne un exemplaire relié en parchemin, en luy payant douze sols pour la reliure. »

(2) Biblioth. de Tours, *Fonds Taschereau* no 778.

(3) *Voyage littéraire*, IIe partie, p. 3, 4.

sion municipale de Fontevrault dressa un inventaire dans lequel on lit : « La grande bibliothèque étant dessus le porche en la longueur d'environ cinquante pieds sur quinze de large, dans laquelle s'est trouvé environ 4,000 volumes non suivis de différents auteurs grecs et latins, mutilés et en fort mauvais état, étant dans des cases en bois non fermées, de hauteur d'environ neuf pieds, garnies de haut en bas. Au-dessus desquelles cases se trouvent 28 tableaux servant de frontispice ; plus une sphère, deux globes. Dans une petite bibliothèque attenante à celle-ci s'est trouvé 1,500 volumes, tant grands que petits, contenant un Atlas défiguré, le Dictionnaire de Moréri, celui de Trévoux, la collection des conciles, la Bibliothèque des Pères, l'Histoire ecclésiastique et une infinité d'autres ouvrages de piété non suivis » (1).

Des 5,500 volumes, on en réserva environ 3,000 que l'on fit conduire à Saumur ; puis, ce qu'on ne dilapida pas fut vendu avec les bois de la bibliothèque, au prix de 230 livres. S'il faut en croire le témoignage d'un habitant, la belle collection des Pères grecs fut destinée pour Angers. On chargea les volumes sur la Loire, à Montsoreau, mais le bateau chavira et le fleuve engloutit la superbe cargaison, avec la même indifférence que s'il se fût agi d'un vulgaire chargement de marchandises (2).

A cette heure, on trouve çà et là quelques heureux survivants de ce désastre. La Bibliothèque Nationale possède plusieurs volumes aux armes des Mortemart ; celle d'Angers a un superbe Platon avec le blason de Gabrielle de Rochechouart ; celle de Tours contient un riche bréviaire de Louise de Bourbon à ses armes, et dont la reliure recèle des fragments d'un manuscrit (3). M. A. Jubien, le savant auteur

(1) Archives municipales, *Registres des Délibérations.*

(2) A. Jubien, *Marie de Bretagne*, p. 186.

(3) En 1545, Louise de Bourbon fit imprimer à Paris, chez le célèbre Thielman Keruer, un *Livre d'Heures de la Vierge à l'usage de l'Ordre de Fontevrault.* L'ouvrage, en latin et en caractères gothiques, se compose de trois parties : les Heures de la Vierge, augmentées de Prières pour les défunts ; un Recueil d'Oraisons, choisies ou récentes à l'usage des religieuses, et un Psautier de la Vierge, de saint Bonaventure. Le volume est richement

de *Marie de Bretagne*, a quelques volumes richement reliés aux armoiries d'abbesses de Fontevrault ; enfin un négociant d'Angers est propriétaire d'un beau volume à l'écu de Jeanne-Baptiste de Bourbon.

LES BATIMENTS SECONDAIRES DE L'ABBAYE

La clôture. — Saint-Lazare. — Saint-Jean-de-l'Habit.

Nous avons parcouru les principaux monuments de l'abbaye. Ils se complétaient par des édifices secondaires, répartis en plusieurs couvents annexes avec autant d'églises, de cloîtres et de logis, dont l'ensemble formait un groupe imposant et grandiose, comme une cité parfaitement organisée. Au cours de l'année 1504, Renée de Bourbon fit entourer le monastère de la muraille qui sert encore de clôture. Pour couvrir les frais elle vendit sa vaisselle d'argent, et posa elle-même la première pierre, « qui est à l'endroit du mur qui est devant la porte de l'église de la Magdelaine ; il y a sous la dite pierre une grande ardoise où est le nom, les armes de la dite dame et les noms de plusieurs dames religieuses (1). »

relié en veau avec semis de fleurs de lis ; le frontispice offre les armes de Louise, entourées d'une couronne d'épines avec la crosse abbatiale ; à la partie supérieure est le monogramme du Christ et de Marie, en bas les initiales L. B. couronnées. Outre les vignettes des majuscules, il renferme plus de vingt gravures à pleines pages, relatives à la vie de la Vierge et du Sauveur, surtout à la Passion ; les psaumes pénitentiaux sont accompagnés de gravures se rapportant à la vie de David ; l'office des défunts offre des gravures macabres dans le goût de l'époque, telles que *les Trois morts et les Trois vifs*. Nous signalerons enfin un curieux dessin sur la Trinité avec les symboles des quatre Evangélistes. Les légendes des gravures sont générale-ment en français, comme celle bien connue des *Trois morts* :

> Nous avons bien esté en chance
> Autrefoys comme estes à présent
> Mais vous viendrez à notre dance
> Comme nous sommes maintenant.

(1) Cette muraille est « longue de 629 toises, haute de 3, large en fonda-tion de 3 pieds ; elle coûta 210 écus d'or, 3 pipes de vin, 2 septiers de mouture, sans compter les charrois. » *Sainte-Famille*, t. III, p. 547, 587, 589.

Du chemin de ronde que parcourt la sentinelle vigilante, on saisit bien l'ensemble du vieux couvent ; et malgré les cons-tructions récentes, si ce n'était le va et vient des détenus et des gardiens, à ne voir que la silhouette générale on croirait presque encore à l'existence de l'abbaye Fontevriste. Du même point, l'œil distingue les édifices particuliers, détachés de l'abbaye mais s'y rattachant par leur usage, et reconstruit les bâtiments qui ont disparu. Là bas à l'horizon, au sud-est, auprès d'un bouquet de bois, s'élève la petite chapelle de *Notre-Dame-de-Pitié*, qui avait été édifiée vers 1579 par les officiers de l'abbaye ; plus près, la chapelle de l'Hôpital avec sa voûte en pierre et sa bretèche. C'est ici, en effet, vers le sud-est, que le pieux fondateur avait installé la commu-nauté de *Saint-Lazare* ; séparée de l'abbaye par les jardins du Liban et bordée, vers l'est, par un vaste enclos en quin-conce dont les allées avaient dix mètres de large, elle offrait aux malades un séjour réparateur. L'église conserve encore sa voûte ogivale du XII⁰ siècle, reposant sur des piliers engagés, mais elle a été coupée en deux par un plancher ; tout autour sont les préaux, le cloître et les jardins. Au XVII⁰ siècle, *Saint-Lazare* devint une maison de convalescence pour les religieuses, et actuellement les bâtiments servent d'hospice pour la maison centrale.

La maison de la *Madeleine*, installée par Robert d'Arbris-sel pour les femmes repentantes. s'élevait au nord-est de l'abbatiale, dont elle était séparée par le cimetière intérieur. Au nord-ouest, se trouvait la *Secretainerie*, entourée de vignes et de jardins.

Après l'abbaye, le couvent le plus important de Fontevrault était à juste titre celui des religieux qui formaient comme le complément de l'ordre Fontevriste. Le monastère était appelé *Saint-Jean-de-l'Habit*, c'est-à-dire de l'habitation, pour bien signifier que les moines tenaient la place de saint Jean aux côtés de la Vierge : c'était le nom donné à tous les prieurés de ce genre, dont les armoiries figuraient la Vierge et saint Jean au pied de la Croix. Cette maison qui conserva presque son aspect primitif, présentait un grand intérêt à tous égards; mais les bâtiments ont été totalement détruits à la suite de la Révolution. Combien le visiteur, au sortir de l'abbaye, regrette de ne pouvoir parcourir le monastère des religieux qui plus d'une fois tentèrent d'écarter ou d'alléger le joug des sœurs, des abbesses. Peut-être les murailles lui renverraient-elles l'écho de quelques-unes de ces boutades, comme en conservent certains monuments anciens. Assurément l'église, le cloître, le chapitre et les bâtiments conventuels étaient moins considérables et moins curieux que ceux que nous venons de visiter, mais il serait instructif de comparer les deux couvents et de recueillir également les souvenirs qui s'y rattachent aussi bien qu'au monastère des religieuses. Adieu les témoins visibles de l'existence des frères de Fontevrault, à la plume desquels nous devons de connaître la vie intime des sœurs! Il y a là, avouons-le, pour l'amour-propre masculin une humiliation quelque peu difficile à supporter. Il nous reste la consolation de consulter le plan géométral qui indique l'emplacement, l'étendue et la disposition du couvent de Saint-Jean avec sa clôture séparée. Le plan de Gaignières, malgré son caractère un peu confus, nous donne une idée des logis en élévation, et surtout de l'église dont le gros œuvre remontait aussi au xiie siècle. L'église, qui avait de belles proportions, était précédée d'une longue avenue d'ormeaux. Des tableaux aujourd'hui dispersés et des ornements, dont plus d'un fort riche, meublaient le temple et la sacristie. Celle-ci avait été refaite en 1630, sur une portion de l'emplacement de la chapelle Saint-Pierre, jadis célèbre pour la guérison de la rage. L'abbesse Louise de Bourbon de Lavedan fit une réparation sérieuse au couvent, qui avait été négligé depuis longtemps, tant le grand moustier absorbait tous les soins et les fonds.

Sous son abbatiat le P. Lardier, en exécution d'un vœu fait pendant une maladie, rapporta à Saint-Jean une partie du cœur de Robert d'Arbrissel, qui était resté dans l'église d'Orsan sous une petite pyramide de pierre. « Il fit faire une petite capse (reliquaire) où était clos une portion de ce saint cœur, laquelle capse est renfermée dans un grand cœur argenté au dos duquel sont gravés ces mots : *Votum Joann. Lardier,*

*Relig., Fontis Ebraldi, beato Roberto, ob ipsam ipsi sanita-
tem restitutam die* 25 *junii* 1648. Au piédestal de ce cœur,
aussi argenté et ciselé, est renfermé un livre intitulé *Robertus
illustratus*, contenant la règle de Fontevrault et le nom de
tous les religieux, qui ont été dans l'ordre tant à Fontevrault,
que dans les autres couvents. Le 12 avril 1649, fut posée la
pierre du monument élevé par le soin de Jean Lardier, dans
l'église de Saint-Jean-de-l'Habit, à côté de l'évangile, orné
de deux anges qui sont aux côtés du dit cœur, de marbres,
nappes et tableaux. » (1) Cette relique appartient actuellement aux Fontevristes de Chemillé. En 1722, le P. Nicolas
Cannée, ancien professeur de théologie et grand prieur de
Saint-Jean, fit reconstruire les dortoirs.

Le logis Bourbon.

A la Tour d'Evrault attenait le bâtiment, aujourd'hui
détruit, appelé *l'Abbatiale* qui avait cour et jardins, et
communiquait directement avec le grand cimetière et avec
l'église paroissiale de *Saint-Michel*, que nous visiterons
bientôt. Le côté nord de la grande cour, décoré d'un escalier
d'honneur, se prolongeait sur la voie publique par une voûte
à l'aide de laquelle il était en rapport avec le *Logis Bourbon*.
Tout près de l'abbaye, en effet, est la maison qu'habitèrent
les filles de Louis XV, dont l'éducation fut confiée aux
abbesses de Fontevrault ; elle appartient actuellement à l'honorable M. Palustre, ancien maire de la ville. C'est un édifice du
commencement du xviii° siècle, avec des appartements de
vaste dimension, mais sans apparence de luxe, et où l'œil n'est
guère frappé que par la rampe de l'escalier en fer forgé. Un
pont voûté, avons-nous dit, le reliait à l'abbatiale. La maison
était entourée d'un vaste enclos et desservie par deux
chapelles, une de petite dimension entre deux cours, et
l'autre plus grande, qui ouvrait sur une belle terrasse

---

(1) *Cartulaire* de Fontevrault, t. I., p. 437.

ombragée de tilleuls, de charmes et de marronniers. Le tout fut vendu nationalement le 11 messidor an IV. Ce logis avait été construit et aménagé tout exprès pour recevoir les Filles de France. Louis XV, qui tenait à transmettre à ses filles d'autres maximes de morale que celles qu'il suivait, résolut de les éloigner d'une cour corrompue et corruptrice. Pouvait-il mieux choisir que la retraite de Fontevrault, peuplée de personnes d'élite et alors dirigée par Louise-Françoise de Rochechouart ? Le roi conféra à l'abbesse la qualité de duchesse afin qu'elle pût s'asseoir en présence de ses royales élèves.

Quatre Filles de France furent conduites et résidèrent à Fontevrault ; ce sont Thérèse, Sophie, Victoire et Louise. Mme Thérèse-Félicité de France fut baptisée par le prieur de Saint-Jean, Louis Cherbonnel, dans sa dernière maladie ; elle eut pour parrain et marraine Michel Macé, curé de Vouvray, confesseur de Mmes de France, et sa nourrice, Suzanne Milsion. Son institutrice était sœur Marguerite d'Andigné, fille du seigneur de la Chasse, au diocèse de Saint-Malo. L'enfant, âgée de huit ans et six mois, mourut le lendemain de son baptême, le 28 septembre 1744, et d'après l'ordre de son père le corps fut inhumé dans le Cimetière des Rois. Madame Victoire, l'aînée des filles de Louis XV, y vint dès ses premières années ; les sœurs Macartie et Courtin furent spécialement attachées à sa personne. Elle fut baptisée le 15 août 1744, et eut pour parrain le frère de l'abbesse, Gilbert de Montmorin de Saint-Hérem, évêque-duc de Langres, qui représentait le dauphin, et pour marraine l'abbesse elle-même. L'abbesse et son frère, comme représentant de l'Infant d'Espagne, tinrent également sur les fonts Mme Sophie. Quant à Mme Louise, baptisée le 20 décembre 1738 par le P. d'Aubignon, elle avait eu pour parrain et marraine le chevalier Marc-Antoine de Bussy, et Marie-Louise Adnet, première femme de chambre de Madame sixième de France (1).

On n'est pas d'accord sur l'époque à laquelle les filles de Louis XV vinrent à Fontevrault. D'après un historien, on

______

(1) *Regist. des prises d'habit.*

les apporta aussitôt après leur naissance, c'est-à-dire successivement ; suivant un autre, elles y furent reçues le 28 juin
1738 (1). Ce qu'il y a de certain c'est que Mme Victoire quitta
le monastère à quatorze ans, au mois de mars 1748. A cette
occasion, Louis XV écrivit à l'abbesse, Louise de Saint-
Hérem : « J'ai été très content de ma fille Victoire et j'espère
qu'elle ne se démentira pas » (2). En souvenir de son séjour,
la princesse donna à l'église Saint-Michel, une cloche sur
laquelle est gravée son nom avec la date 25 mai 1748 ; quant
aux timbres, ils portent la figure de Saint-Michel et les
armes d'Eléonore de Bourbon.

Mmes Louise et Sophie, dont la santé était délicate, restèrent
à Fontevrault jusqu'au mois d'octobre 1750 (3). L'église
paroissiale nous offrira un tableau de *Saint-Joseph*, donné
en 1755 par « Mesdames de France ». Après le départ des
filles de Louis XV, le Logis Bourbon, un instant égayé par
les ris et les grâces, retrouva le calme absolu ; on détruisit le
pont qui le mettait en communication directe avec l'abbaye,
et la maison ne se distingua plus des autres que par le royal
souvenir qui s'y rattachait. De temps à autre pourtant cette
demeure semblait retrouver quelque chose de son éclat passé,
quand elle abritait sous son toit une princesse désireuse de
se retremper dans la retraite Fontevriste. A plusieurs
reprises elle reçut Mme Marie-Françoise, dite Mademoiselle
de Elois, qui épousa le duc de Chartres, fils de Monsieur,
frère du roi.

Avec le Logis-Bourbon, nous disons adieu aux monuments
qui dépendaient de l'abbaye et nous traversons le bourg
pour nous rendre à l'église paroissiale.

(1) O. de Chaviguy, *Les derniers jours de Fontevrault*, p. 6.— *Revue d'Anjou*,
1868, p. 67. — C. Port. *Diction. de Maine-et-Loire.*
(2) Archives de Maine-et-Loire, *Titres de Fontevrault.*
(3) *Revue d'Anjou*, 1868.

L'ÉGLISE SAINT-MICHEL

Maints couvents ont été le noyau d'agglomérations devenues parfois très considérables : telle l'abbaye de Robert d'Arbrissel. Autour du monastère de Fontevrault, on vit bientôt s'établir un groupe de maisons qui s'accrut progressivement, mais dont les habitants continuèrent à dépendre de la paroisse Saint-Martin-de-Roiffé, de laquelle relevait le territoire de l'abbaye. En 1177, l'abbesse Audeburge, par suite de cet accroissement, demanda à l'évêque de Poitiers, Jean III, trésorier de l'église d'York, de constituer la localité en paroisse. Aussitôt l'évêque érigea la chapelle de Saint-Michel, sise au grand cimetière de Fontevrault, en église paroissiale, dont l'abbesse garda la présentation à la condition de payer annuellement 36 deniers à l'église de Roiffé. Tous les ans l'abbesse se rendait à l'église Saint-Michel sans rompre la clôture, par le clos voisin, et assistait à la messe dans une tribune placée à droite du chœur. Dans la suite, le pape Léon X sécularisa l'église (1).

L'église Saint-Michel se rattache au xiie siècle, ainsi que l'indiquent les fenêtres romanes en partie murées ; mais elle a subi des remaniements au xve siècle, époque à laquelle remontent la porte et les fenêtres actuelles. Une étroite ouverture de la façade renferme deux petites cloches superposées. Au nord, elle est entourée d'une galerie qui repose sur des piliers en bois et aboutit au sud à la porte du presbytère, datée 1751. Bien qu'il n'offre rien d'extraordinaire, l'intérieur est néanmoins plus intéressant. La nef unique est formée de quatre travées dont les voûtes, en style Plantagenet, ont nécessité la construction d'épais contreforts ; une chapelle forme bras du côté de l'Evangile. L'église est décorée de quatre autels qui appartiennent au style néo-grec mis à la mode par le xviie siècle. Le maître-autel — à tout seigneur tout honneur — mérite de fixer en première ligne l'attention ; le

(1) Voir la liste des curés, *Appendice.*

rétable occupe tout le fond de l'abside; la corniche qui se relève au centre et supporte des panaches sculptés, repose sur huit colonnes d'ordre corinthien, et de chaque côté, dans deux niches, sont les statues de la *Vierge* et de *Saint-Joseph*. L'autel proprement dit, en bois sculpté et doré, bien que de forme un peu épaisse, présente un véritable intérêt. Le tabernacle est orné de scènes bibliques relatives à la personne de Jésus et des disciples d'Emmaüs : la *Rencontre*, le *Voyage* et la *Fraction du pain* au centre; des anges, un religieux et une religieuse complètent la décoration principale; la partie supérieure, en forme de dôme, est rehaussée de colonnes torses, de têtes d'anges et de la figure du Père Eternel, également en bois sculpté; enfin le devant de l'autel, qui provient d'ailleurs, représente la Cène.

Les deux autels de la nef sont presque semblables avec leurs quatre colonnes de marbre, la corniche en quart de rond, le couronnement avec colonnettes et fronton triangulaire. L'autel du côté de l'Evangile montre, dans la niche centrale, une statue de l'*Assomption*, tandis que le devant offre une jolie *Adoration des Bergers*, en bois sculpté, du XVIIe siècle. Le retable de l'autel opposé a été modifié; il a reçu une peinture figurant le *Christ* dont le sang coule dans un bassin : au fond, un vaste portique et un *Ecce Homo* du XVIIe siècle; le tabernacle est remplacé par un grand et beau reliquaire en bois noir avec cuivre doré, style Louis XVI (1). Le devant d'autel, en bois sculpté, est orné de rinceaux, parmi lesquels paraissent une abbesse et une église élevée sur un rocher. L'autel de la chapelle Saint-Joseph, plus petit que le maître-autel, est plus grand que ceux de la nef; le rétable est dans le même style; en haut l'écu de France mutilé; à droite et à gauche, les statues de la Vierge et de saint Joseph; le devant d'autel figure le *Mariage de la Vierge*, aussi en bois sculpté. Cet autel est dû à l'un des curés de Saint-Michel les plus zélés pour son église. Bertrand Durand, — c'est son nom, — était originaire de Châtellerault et desservit la

---

(1) La sacristie contient un curieux reliquaire en ribé ou papier roulé, aux armes de l'abbesse Gabrielle de Rochechouart.

paroisse de 1739 à 1763 ; il acheta des ornements et des vases sacrés, fit faire les stalles du chœur et érigea l'autel Saint-Joseph, qui fut béni le 7 octobre 1742.

L'église renferme de nombreux tableaux, qui presque tous viennent de l'abbaye, mais présentent une valeur bien inégale : des toiles médiocres touchent des œuvres remarquables. Mentionnons dans la chapelle où nous sommes : une *Vierge* et un *saint Jean-Baptiste*, une petite *Annonciation*, une *Crucifixion* en bois sculpté dans le genre de celle de l'hospice d'Oiron, un autre *Crucifiement* sur toile et un *saint Joseph*. Cette dernière peinture porte, à l'angle, l'écu de France avec l'indication : « Ce tableau a été donné par Mesdames de France ellevées en l'abbaye de ce lieu 1755 ». La *Crucifixion*, peinture sur bois du xvie siècle, est très curieuse ; le soleil et la lune y figurent avec les symboles en usage ; il y a du mouvement dans la scène, rehaussée d'or, au milieu de laquelle paraît la Vierge portant une couronne et un manteau fleurdelisés.

Dans le sanctuaire on voit une *Vierge* assise sous un dôme, avec quatre anges qui jouent de la flûte et de la mandoline (bon spécimen de l'école florentine du xvie siècle) ; la *Fuite en Egypte*, un *Ecce-Homo* de l'école française, et un curieux tableau sur bois du xvie siècle, *Jésus au jardin des Oliviers*, dans lequel l'artiste a rapproché trois scènes différentes où Jésus paraît trois fois, vêtu de bure et nimbé d'or. La nef montre aussi plusieurs tableaux : une *Mater Dolorosa*, de l'école française du xviie siècle, une *Vierge au Rosaire* avec saint Dominique, sainte Thérèse et une série de médaillons renfermant des scènes de la Passion ; un *Crucifiement* avec un personnage à genoux ; les *Disciples d'Emmaüs*, et un *Portement de Croix* où paraît une tête d'une curieuse expression. Nous mentionnerons encore, pour ne rien oublier, quelques petits tableaux : un *Baptême du Christ*, une *Descente de Croix*, une *Piéta* et une *Sainte aspergeant un monstre* qui vomit un enfant ; surtout nous n'aurons garde d'omettre un charmant petit saint Jean dont la blonde tête pourrait bien être un portrait d'un fils de Louis XIV et de Mme de Montespan. La plupart de ces tableaux, nous le répétons, proviennent de l'église abbatiale, ainsi que le remarquable maître-autel en bois sculpté et doré. Non loin de l'église paroissiale est une intéressante chapelle que nous devons visiter.

LA CHAPELLE FUNÉRAIRE DE SAINTE-CATHERINE.

Le cimetière paroissial, suivant la tradition religieuse jadis généralement suivie, était auprès de l'église; il a été transféré en un terrain acquis en 1814. Conformément à un usage alors très répandu, au milieu du cimetière s'élevait une *chapelle* des morts, placée sous le vocable de sainte Catherine. Celle de Montsoreau a été détruite il y a quelque 25 ans ; Montreuil-Bellay, en Anjou, et Bléré, en Touraine, ont encore leur chapelle des morts. Nous voici en présence de celle de Fontevrault. De forme carrée, elle a huit mètres environ de côté, est butée à chacun des angles par un gros pilier au sommet conique, et est éclairée sur chaque face par une fenêtre à plein cintre. Le toit en pierre se termine au centre par un lanternon octogonal, percé de petites fenêtres tréflées. Un historien a écrit que cette chapelle est de « la fin du XVe siècle » ; grossière erreur : elle remonte au commencement du XIIIe siècle. Berthe, qui était abbesse de Fontevrault de 1217 à 1227, confirma le don fait par Ala, duchesse de Bourbon, religieuse du couvent et fondatrice de la chapelle (1). L'oratoire de Sainte-Catherine servit de mairie à la suite de la Révolution ; actuellement il est coupé par deux étages qui en diminuent l'intérêt, sans empêcher que l'on remarque la jolie voûte à tores plantagenets qui reposent sur des culots mutilés, mais finement sculptés. Le lanternon porte encore l'armature en fer destinée à supporter la lampe ainsi que les poignées à l'aide desquelles le veilleur installait le fanal funéraire.

(1) *Gallia Christiana*, t. II, *Eccl. Pictaviensis.*

L'HOSPICE

Lorsqu'on remonte le bourg dans la direction de l'ouest et que l'on suit un instant la route de Loudun, bordée de grands murs, on a de suite à sa droite des bâtiments de la fin du xvii° siècle. C'est là que Mme de Montespan aimait à venir auprès de sa sœur Gabrielle, abbesse du couvent. Complètement retirée de la cour. et désireuse d'effacer ses années de scandale par une vie de prière et de bienfaisance, elle y avait installé un hospice avant de constituer à Oiron une fondation bien plus importante (1).

La date de l'érection est indiquée avec exactitude par une inscription, gravée autour de l'arcade de la porte d'entrée. Au-dessous du blason mutilé de la marquise on lit, en capitales, sur deux lignes circulaires : « Le jour de saint Bernard 1687, Madame de Montespan estant ici a fait commencer ce bastiment, et le mesme jour de saint Bernard 1689 estant revenue voir sa sœur, elle a fait présent de cet hermitage à la communauté et l'a accompagné d'une loterie ». Naguère nous terminions une promenade à l'intéressant château d'Oiron par une visite à l'hospice fondé par Mme de Montespan, et qui a survécu à la Révolution. Bien qu'il ne reste plus ici que l'édifice, nous voulons de nouveau clore notre excursion à travers le domaine de l'histoire et de l'archéologie, par ce souvenir de bienfaisance et de réparation.

Chaque année, quand le printemps ramène les beaux jours, les tièdes zéphyrs dans l'air et la verte feuillée aux bois, une série ininterrompue de touristes se rendent à Fontevrault pour visiter la vieille abbaye. Le site pittoresque de la localité avec ses vieux édifices, l'agrément de la con-

(1) Voir *Le Château et la Collégiale d'Oiron*, p. 59-62; Bousrez, libraire, Tours.

trée environnante et la fraîcheur du vallon qui l'entoure, excitent l'intérêt des voyageurs (1) ; mais surtout ils viennent attirés et s'en vont charmés par la visite des monuments qui formaient le *Grand-Moustier*. Peu de monastères, en effet, même parmi les plus célèbres, laissent dans l'esprit une impression aussi profonde. Nous avons éprouvé nous-même ce sentiment de pénétrante mélancolie, et nous nous sommes proposé d'en faire part au lecteur. Prêter une voix à ce curieux groupe monastique dont chaque pierre a son histoire, et en rendre le souvenir plus durable, tel a été le but de ces lignes. — *Tempus spargendi lapides et tempus colligendi*, a dit le Sage des temps anciens.

(1) La commune de Fontevrault a une superficie de 1,552 hectares, dont 1,119 h. de bois qui renferment une flore chère aux naturalistes. La population était en 1513 de 500 à 600 feux, en dehors de l'abbaye ; en 1872 elle était de 1,648 habitants non compris la maison centrale. Aux xvie et xviie siècles, la fabrication de la faïence et de la poterie fine y formait une industrie assez considérable.

CHRONOLOGIE DE FONTEVRAULT

Faite par le Père frère LARDIER, religieux du dit ordre
le 17 août 1648

(Tableau complété par les successeurs.)

ABBESSES

Pétronille de Chemillé, 1115.
Mathilde, morte le 3 oct., 1149.
Audebruge de H^te^-Bruyère, 1154.
Gillette, morte le 19 mai 1180.
Mathilde de Flandre, 1192.
Marie de Champagne, 1207.
Alice de Bourbon, 1208.
Alice de Champagne, 1209.
Berthe, 1220.
Alice de Blois, 1230.
Mabile de la Ferté, 1244.
Jeanne de Brenne, 1260.
Isabeau d'Avoir, 1274.
Marguerite de Pocey, 1284.
Aliénor de Bretagne, 1304.
Isabeau de Valois, 1342.
Théophène de Chambon, 1349.
Jeanne de Maugé, 1353.
Alice de Vantadour, 1372.
Aliénor de Parthenay, 1375.
Blanche de Harcourt, 1391.
Marie de Harcourt, 1431.

Marguerite de Montmorency, 1454
Marie de Montmorency, 1458.
Marie de Bretagne, 1472.
Anne d'Orléans, 1491.
Anne de Bourbon, 1534.
Louise de Bourbon, 1575.
Eléonore de Bourbon, 1611.
Louise de Bourbon de Lavedor, 1639.
Jeanne-Baptiste de Bourbon, 1670.
Marie-Marguerite-Gabrielle-Adelaïde de Rochechouart de Mortemart, 1680.
Louise-Françoise de Rochechouart de Mortemart, 1704.
Louise-Claire de Montmorin de Saint-Hérem, 1742.
Marie-Louise de Timbrune de Valence, 1754.
Julie-Sophie-Gillette de Pardaillan d'Antin, 1765.

GRANDES PRIEURES

Hersende, 1104.
Angarde, 1109.
Florence de Flouques.
Agnès (comtesse).
Audebruge.
Gilles, 1160.
Adèle, 1192.

Berthe, 1206.
Julienne, 1220.
Adèle de Bretagne, 1229.
Mabile, 1240.
Agathe de Châteauneuf.
Marguerite de Pocey, 1265.
Théophène Fourrier.

Ala, 1266.
Sybille, 1270.
Mathée de Colesron, 1274.
Alix de Ventadour.
Adilidin de Flandre.
Gilles.
Martiride.
Nicole Petit.
Jeanne de Bressonne.
Agnès (Anglaise).
Philippe Maleurier.
Pétronille de Pédentro.
Adiliden du Port.
Jeanne.
Jacqueline.
Jeanne du Gué.
Blanche de Craon, 1448.
Marguerite Hodry, 1484.
Isabeau de Bourbon, 1505.
Marguerite du Coq, 1507.
Marguerite de Cretz, 1509.
Marguerite d'Antrin, 1510.
Perette Levoir, 1512.
Catherine de Haubergeon, 1514.

Marie d'Avoise, 1518.
Louise de Bourbon, 1521.
Renée de Lorraine, 1543.
Renée de Bourbon.
Eléonor de Bourbon.
Françoise de Rohan.
Jeanne Dupuis.
Avoye de la Chaussée.
Louise de Bourbon de Lavedan, 1610.
Gabrielle de Craon.
Gabrielle de Chétardis.
Jeanne-Baptiste de Bourbon.
Jeanne Calouin.
Marguerite Bressac.
Bonne Binet de Jasson.
Marie Delaunay.
Louise-Françoise de Rochechouart.
Marguerite de Rochechouart.
Henriette Garibalde.
Marie d'Andigny de la Chasse.
Gabrielle de Pardaillan.
Anne de Gressolle, 1745.
Catherine de Saint-Georgé, 1776.

COUVENTS RÉFORMÉS

Couvents	*Réformatrices*
La Madeleine d'Orléans. . .	Antoinette Cendre.
Chaise-Dieu.	Marguerite d'Autruys.
Fontaine-en-France	Jeanne des Loges.
Lencloître-en-Gironde. . . .	
Foissy.	Françoise Dupont.
Viriville	
Les Filles-Dieu	Jeanne Tureau.
Déhommer	Marie Savoisy.
Relay	Charlotte Berthelot.
Fontevrault	Marie de Bourbon.
Haute-Bruyère	Catherine Sévin.
Le Charme	Françoise Lejeune.
Colinance.	Jeanne de Troye.
Rives	Catherine Bourgouin.
La Vige	Jeanne d'Illers.
Longfond.	Marthe des Barres.

Couvents	*Réformatrices*
Clirviselle	Jeanne Ferrie.
Glatigny.	Jeanne Loubet.
Tusson	Jéronime de Beauce.
Gayne	Marguerite Pignier.
Sainte-Croix de Poitiers . . .	Perette Levois.
Trinité. id. . .	Charlotte Berthelot.
Paravis	Marguerite de Saint-Caumont.
Orsan	Françoise de Montbrun.
Vaugrillon	Perrine Harpin.
Cerisier	Catherine Sevin.
Montasuis	Jeanne de Bresse.
Valdemeurier	Louise de la Rouvrai.
Boulane..	Marguerite Guibet.
Lebreuil	Rose de Brie.
Lespinace	Antoinette de la Trémouille.
Régripiers	Marie de Couvray.
Joursay	Andrée de Cluny.
Estel	Guyonne Giron.
Merencour	Benoite Forgette.
G.-Dieu	Charlotte de Racine.
Lougages	Renée des Barres.
Saint-Laurent	Géronime d'Orange.
Fontaine-en-Pir	Augustine Camuse.
Bressac	Isabeau de Beauvau.

COUVENTS RÉFORMÉS PAR MADAME LOUISE

Bonœil	Marguerite de Mareuil.
Villesalem	Marie Beaufils.
Saint-Bibian	Madeleine Drouin,
Longpré	
Longvau.	Gervaise Lecoq.
Les Loges	Isabeau de Beauvau.
Pont-Bralier	
Lencloître-en-Chanfournais(Tour.)	
Jarsay	Louise de Sailly.

PREMIÈRES PRIEURES DES NOUVEAUX COUVENTS

Saint-Sauveur-de-Mortagne . .	Anne Chenue, 1643.
Saint-Joseph de Brioude . . .	Françoise de Trélac, 1644.
Le petit Fontevrault, à la Flèche.	Elisabeth Chaüe, 1645.
Saint-J.-B. de Villecomte . . .	Gillette de la Volle-Piliers, 1647.

PRIEURS DE L'HABIT

Père André, 1108.
Renard de Cosse, 1119.
Isembart, 1120.
Benoît, 1154.
Pierre Rosne, 1160.
Jean Véron, 1174.
Guillaume le Vénérable, 1206.
Etienne, 1216.
Nicolas.
Philippe, 1252.
Guy d'Agresay, 1258.
Jean Petit, 1265.
Denis Verron, 1297.
Jean Roffin.
Pierre de Bauni.
Jean Dupuy.
Jean Cointe, 1354.
Pierre.
Michel le Plat, 1394.
Antoine Jobertreau, 1408.
Pierre Geoffroy.
Geoffroy Chervet.
Etienne Lefèvre.
Jean Martin, 1415.
Bernard de Saint-Gualerie.
Philippe Trigalon, 1438.
Rémy Angrain, 1438.
Guillaume le Bailleul, 1465.
Guill. Chaumart, 1491.
Guill. Rousseau, 1494.

Première Réforme

Philippe Fontaine.
Aubin Albert, 1536.
Jean Béroult, 1538.
Paul Loveau, 1545.
Jean Lamy, 1551.

Jérôme Paris, 1155.
Martial Eparnier, 1564.
François Rouhault, 1569.
Pierre Bérault, 1572.
Richard de Riancourt, 1576.
Louis Bouilot, 1598.
Claude Copin, 1626.
André Morillon, 1639.
François Berthelot.
Denis Moreau, 1645.
David Cordier.
Sébastien Ganot.
David Cordier, 2º.
Jean Vindoux.
Michel Civet.
Henri le Comte.
Ambroise Bouvier.
Nicolas Caumé.
Jean Morin.
Etienne Lebrun.
Alexandre la Serve.
Henri d'Aubigeon.
Louis Charbonnel, 1742.
Antoine Cosnard, 1745.
Henri David, 1752.
Philippe Albert, 1755.
Victor Charbonnel, 1758.
Charles Bordeaux, 1762.
Pierre-Nicolas Duclos, 1765.
Claude Henin, 1771.
J.-B. Saulais, 1774.
Pierre-Nicolas Duclos, 2º, 1777.
J.-B. Marais, 1780.
Cyprien Curieux, 1783.
Alexandre Guerrier, 1786.
Hilaire-François Guillon, 1789.

VISITEURS DE L'ORDRE AVANT DURANT ET APRÈS LA RÉFORME

Jean, 1250.
Raoul, 1255.
Nicolas de Berry, 1255.

Jean Sanistain, 1266.
Guill. de Berry, 1273.
Denis, 1274.

Guill. de Ventadour, 1295.
Etienne, 1312.
Pierre Rampedonnet, 1331.
Jean Crète, 1334.
R. de Champdoré, 1344.
Etienne de Salis, 1346.
Gilles Poitevin, 1365.
Elie du Cluis, 1384.
Guill. Ingraine, 1400.
Jean Buret, 1404.

Gilles Poitevin, 1404.
Armand d'Ambreux, 1421.
Rémy Angrain, 1436.
Pierre Perdriau, 1454.
Jean Pousseau, 1456.
Nicolas Bourdonnais, 1461.
Guill. le Bailleul, 1462.
Jean Chauchet, 1474.
Jean Boucheron, 1476.
Melchisédech Clareau.

VISITEURS DE L'ORDRE DEPUIS LA RÉFORME, AVANT LE GRAND ARRÊT

Jean Berthelot, 1478.
Robert Bedil, 1489.
Maître Cantin Huë, 1491.
Clément Boucherout, 1503.
René Tardif, 1504.
Jacques Daniel.
Jean Rossignol, 1507.

François le Roy.
Laurent Courtin 1513.
Louis Chargé, 1515.
Paul Loveau, 1517.
Lancelot Pingault, 1518.
Armand Durand, 1519.
Laurent Couture, 1523.

VISITEURS DE GASCOGNE

Albin Albert, 1527.
Denis Chedeville, 1529.
Martial Eparnier, 1532.
Albin Albert, 2°, 1535.
Laurent Roux, 1539.
Pierre Siet, 1542.
François Pelletier, 1545.
Richard Bocard, 1548.
Martial Eparnier, 3° 1552.
Guil. Mollet, 1555.
François Rouhault, 1558.
Jean Monnoye, 1561.
Jacques Bourdonnais, 1567.
Gabriel Texier, 1576.
Jacques Bourdonnais, 2°, 1579.
Jean Avenard, 1582.
Jean Ancelot, 1485.
Gabriel Texier, 2°, 1586.
Pellard, 1580.

Claude Copin, 1591.
Louis Bouliot, 1594.
Samuel Percheron, 1600.
Nicolas Duvivier, 1603.
Samuel Percheron, 2°, 1609.
Samuel Percheron, 3°, 1615.
Léonard Boursin, 1618.
Jean Crespart, 1621.
André Morillon, 1624.
Jean Crespart, 2°, 1627.
Jean Monteage, 1630.
Denis Moreau, 1633.
Jacques Pignard, 1634.
David Cordier, 1639.
Jean Lardier, 1642.

« Au dit an, la dite province fut divisée en deux, savoir : de Gascogne et de Bretagne. »

VISITEURS DE FRANCE DEPUIS LE GRAND ARRÊT

Lancelot Pingault, 1525.
Albin Albert, 1528.
Antoine Buzines, 1531.
Albin Albert, 2º, 1533.
Paul Lovau, 1537.
Jean Dampierre, 1539.
Guill. Chartrein, 1542.
Pierre Siet, 1546.
Jérôme Paris, 1549.
Pierre Siet, 2º, 1552.
Martial Eparnier, 1555.
Guill. Dupuy-Herbault, 1558.
Léonard d'Écosse, 1561.
Martial Eparnier, 2º, 1564.
Guill. Dupuy-Herbault 2º, 1566.
Gabriel Texier, 1569.
Richard de Riancourt, 1570.
Jacques Bourdonnais, 1573.
Richard de Riancourt, 2º, 1576.
Jacques Hardy, 1579.
Louis Bouliot, 1582.
Claude Copin, 1585.
Louis Bouliot, 2º, 1588.

Jean Pellard, 1592.
Claude Copin, 2º, 1595.
Gilles Verrex, 1598.
François Fuyron, 1601.
Samuel Percheron, 1603.
François Fuyron, 2º, 1606.
François Cerneau, 1609.
André Morillon, 1612.
1615.
Claude Copin, 1618.
Léonard Boursin, 1621.
Samuel Percheron, 1624.
François Cerneau, 1627.
Edme Martin, 1630.
François Berthelot, 1633.
Jean Montage, 1636.
Sébastien Ganot, 1639.
Denis Moreau, 1642.
Sébastien Ganot, 1645.

Au dit an, la dite province fut divisée en deux, savoir : de France et d'Auvergne.

VISITEURS DES QUATRE PROVINCES

France.

Sébastien Ganot, 1646.
David Cordier, 1649.
Charles Viesmont, 1652.
Sébastien Ganot, 2º, 1656.
David Cordier, 1659.
Duclos, 1790.

Bretagne.

Jean Lardier, 1646.
René Chesneau, 1649.
Thomas Coefferel, 1652.
Nicolas Mellier, 1656.
Sébastien Ganot, 1659.
Henin, 1790.

Gascogne.

David Cordier, 1646.
Thomas Coefficl, 1649.
René Chesnau, 1652.
Jean Virdoux, 1656.
Michel Ciret, 1659.
J.-B. Henin, 1735.

Auvergne.

Hélie Penot, 1646.
Charles Viesmont, 1649.
Sébastien Ganot, 1652.
René Chesneau, 1656.
Jacques Pignard, 1659.
Collard, 1790.

VISITEURS DE L'ABBAYE DE FONTEVRAULT

Etienne Gentil, prieur de Saint-Martin-des-Champs, 1525.

Jean Bordier, abbé de Saint-Victor, 1528.

Etienne Gentil, 2°, 1534.

Jean Bordier, 2°, 1534.

Etienne Coigne, prieur de Saint-Samson d'Orléans, 1537.

Jean Bordier, 1540.

Robert Bert, prieur de Saint-Victor, 1543.

Nicolas Garnier, id. 1546.

Robert Bert, 2°, 1549.

Nicolas Garnier, 2°, 1552.

Robert Bert, 3°, 1555.

Nicolas Garnier, 3°, 1558.

Robert Bert, 4°, 1561.

Nicolas Garnier, 4°, 1564.

Henri Bault, religieux de Saint-Victor, 1567.

Guill. de Bourg-l'Abbé, prieur de Saint-Victor, 1570.

Jacques Ancelot, religieux de Saint-Nicolas d'Acy, 1573.

Guill. de Bourg-l'Abbé, 2°, 1576.

Jacques Ancelot, 2°, 1579.

Guillaume de Bourg-l'Abbé, 3°, 1582.

Michel Huet, prieur de Saint-Germain de Paris, 1585.

(Il n'y a pas eu d'élection pour cause de guerre) 1588.

Jean Hurtaut, prieur de Saint-Victor, 1591.

Henri Bault, 2°, 1594.

Jean Hurtaut, 2°, 1597.

Denis Colon, relig. de Saint-Victor, 1600.

Nicolas Néron, prieur de l'Absie, 1603.

Denis Colon, 2°, 1606.

Laurent Bernard, prieur du Collège de Cluny, 1609.

Guill. Richer, abbé de Saint-Vincent du Mans, 1612.

Gabriel de Sainte-Marie, relig. anglais, 1615.

Guill. Richer, 2°, 1618.

Airaud, prieur de Saint-Nicolas d'Angers, 1621.

Guill. Richer, 3°, 1624.

Martin Marlet, prieur de Saint-Martin-des-Champs, 1627.

Guill. Richer, 4°, 1630.

Eustache de Saint-Paul, grand vicaire, 1633.

Guill. Richer, 5°, 1636.

Philippe Gallet, 1639.

Romain Cupif, 1642.

Dom Bruneau, 1645.

Romain Cupif, 2°, 1649.

Dom Adrien, 1652.

Le Père Juvénal, 1669.

Dom Chapuis, 1783.

N.-B. — A la fin de ce tableau, qui est aux Archives d'Indre-et-Loire, sont les armes de Louise de Bourbon.

CURÉS

Denis Audoques, 1260.

Denis de Verron, 1297.

Pierre du Château, 1300.

Rol. d'Epernon.

Geoffroy Mosnier, 1496.

Jean Perdriau, 1457.

Jean Moreau, prieur de Boisgoyer, 1472.

Mathurin Berthomieu, visiteur de France, 1488.

Gab. Dreux, 1504.
Foucault Mosnier, 1529.
René Barate, 1550.
René Guerrier, 1554.
Louis Gasteblé, 1559, en prison à Poitiers en 1564 à cause de procès avec l'abbesse.
Ant. Corbineau, 1565.
Jacq. Aubry, 1580.
Ant. Cherbonneau, 1581-1090.
Louis Cherbonneau, 1593-1595.
Gilles de Vaugirault, 1596.
Jean Demaisondieu, 1597.
Claude Meschinaud, 1606-1636.
J. Fléchigné, 1637.
Mich. Cosnier, 1638, 17 décembre 1644. (Puis des vicaires durant une trentaine d'années.)
Gilles Chéreau, septembre 1674, 26 décembre 1680 « premier curé depuis la Réforme ».
Yves Vacher, 1682.
François Joubert, 1714-1720.
Nic. Cannée, 1723-1739.
Bertrand-Durand, 1739-1763, visiteur d'Auvergne en 1762.
Claude David, 1664-1782.
Alexandre Guerrier, 1785 qui prête serment le 30 janvier 1791.

TABLE DES MATIÈRES